스스로
공부
잘하는 법

★★★ 공부를 공부하라! ★★★

스스로
공부
잘하는 법

권승호 지음

현직 고등학교 교사가 전하는 공부의 비결
자기주도학습 루틴 61

차 례

공부가 뭐라고 8
학부모님 전상서 20
실천하는 자기주도학습을 위하여 29

스스로 공부 잘하는 법

01 배움보다 익힘을 중요하게 생각하라 35

02 선생님에게 의존하지 마라 41

03 잠을 충분히 자라 45

04 의문과 질문을 즐겨라 49

05 친구에게 배우고 친구를 가르쳐라 54

06 반드시 예습하라 ◦ 57

07 반드시 복습하라 ◦ 61

08 수업시간에 공부하라 ◦ 64

09 설명해줄 수 있는 것만 아는 것이다 ◦ 69

10 스마트폰, 컴퓨터게임과 과감하게 이별하라 ◦ 71

11 국어사전을 수시로 펼쳐라 ◦ 76

12 생각하라, 생각하라, 그리고 또 생각하라 ◦ 81

13 교과서 중심으로 공부하라 ◦ 87

14 고독을 즐겨라 ◦ 91

15 부모님, 선생님, 친구와 좋은 관계를 유지하라 ◦ 95

16 독서대를 활용하라 ◦ 99

17 숙제하기는 공부하기가 아니다 ◦ 102

18 자신을 믿고 기다리고 또 기다려라 ◦ 104

19 휴식을 시간 낭비로 생각하지 마라 ◦ 108

20 전체를 파악해야 부분도 잘 이해할 수 있다 ◦ 111

21 자투리 시간을 효율적으로 활용하라 ◦ 113

22 음악 들으면서 공부하지 마라 ◦ 115

23 제목을 중요하게 생각하라 ◦ 117

24 한 권의 책으로 공부하라 ◦ 119

25 말을 줄여라 ◦ 122

26 수시로 셀프테스트 하라 ◦ 124

27 시험을 치른 후에는 철저히 분석하라 · 127

28 문제 풀이 중심의 공부는 위험하다 · 131

29 문해력 향상을 위해 노력하라 · 133

30 방학에는 복습과 독서와 경험 쌓기에 힘써라 · 137

31 학교나 도서관이 공부하기 가장 좋은 장소다 · 143

32 커피, 탄산음료, 패스트푸드를 멀리하라 · 146

33 음식을 곁에 두면 집중력이 떨어진다 · 148

34 아침 식사는 반드시 해야 한다 · 149

35 전화나 SNS에 일일이 반응하지 마라 · 150

36 친구보다는 선배나 어른과 대화하고 상담하라 · 152

37 먼저 책상 앞에 앉아 있는 연습부터 하라 · 153

38 공부에서 가장 중요한 감각은 시각이다 · 154

39 성적은 계단식으로 올라간다 · 155

40 대학입시가 공부의 끝이 아니다 · 157

41 자기주도학습은 대학과 직장까지 연결된다 · 159

42 수학 공부에 올인하지 마라 · 161

43 일찍 자고 일찍 일어나라 · 163

44 야식을 삼가라 · 166

45 선생님을 좋아하라 · 168

46 암기하기 전에 먼저 이해하라 · 170

47 학생도 직업임을 명심하라 · 171

48 한 과목만 열심히 하는 것도 괜찮다   ◦ 173

49 거절하는 용기가 필요하다   ◦ 175

50 말하면서 공부하고 쓰면서 공부하라   ◦ 177

51 수업시간에 대답을 잘하라   ◦ 179

52 처음에는 어렵다   ◦ 180

53 고통과 시련은 거쳐야 하는 관문이다   ◦ 182

54 그림, 사진, 도표도 중요하게 생각하라   ◦ 184

55 알고 있는 것과 연결하여 암기하라   ◦ 186

56 실수한 게 아니라 실력이 부족한 것이다   ◦ 188

57 자신의 목표를 공개 선언하라   ◦ 190

58 건강관리에 힘써라   ◦ 192

59 인간에 대해 이해하라   ◦ 195

60 시험에 임하는 자세   ◦ 197

61 늦은 때란 없다   ◦ 199

나가는 글   ◦ 201

공부가 뭐라고

"아들놈 공부 잘하지?"

"잘하긴 뭘 잘해. 그냥 중간 정도 하지."

"학원 보내고 있어?"

"요즘 학원 안 보내는 간 큰 부모도 있냐?"

"아냐, 모든 부모가 학원 보내는 건 아니지."

"물론 돈이 없으면 못 보내겠지."

"돈이 많다고 꼭 보내지는 않아."

"돈이 아까우면 못 보내겠지."

"아니라니까, 돈과 관계없이 안 보내는 사람도 있다니까."

"그래? 나는 요즘 학원은 필수인 줄로 알았는데, 보내야만 하는 걸로 아는데. 그럼 너는 안 보내?"

"그래. 나는 우리 아들딸 학원 보낸 적 없고 앞으로도 보낼 계획 없어."

"먹고살 만한 사람이 그러네. 그것도 교육자님께서 교육을 포기하는 이유가 뭐야?"

"포기라니? 교육 포기가 아니라니까. 진정한 교육을 하는 것이지."

"무슨 말인지 모르겠다만, 이유가 뭐야? 돈 때문이 아니라면 학원에 보내지 않는 이유가 뭐지?"

"스스로 공부할 시간을 주기 위해서야. 공부뿐 아니라 어떤 일에서든 자신의 실력으로 만들기 위해서는 생각할 시간이 필요하고 반복이 필요하거든. 학원에 가서 수업을 받으면 학교에서 배운 걸 복습할 시간도, 학교에서 배울 걸 예습할 시간도 없어지지. 스스로 생각하고 반복할 시간을 확보하기 위해서 학원에 보내지 않는 거야."

"그러니까 돈이 없거나 아까워서가 아니라 예습 복습할 시간, 생각할 시간과 고민할 시간을 위해 보내지 않는다는 말이지? 거참, 말이 되는 이야기 같기도 하고 아닌 것 같기도 하네……."

"그래, 공부에서 생각하기와 반복이 얼마나 중요한 것인가는 내가 연구를 많이 해보아서 누구보다 잘 안다네. 또 내가 제자들을 대상으로 분석해보았더니 말이야, 사교육을 받은 아이 대부분은 성적이 계속 하락하지만 자기주도학습, 그러니까 자율학습을 열심히 한 학생들은 대부분 성적이 상승하더라고."

"배우는 것이 중요하지 않다는 이야기인가?"

"아니지. 배움의 중요성을 누가 감히 부정하겠어? 배우는 일의 중요성을 부정하는 것이 아니라 배우기만 해서는 안 된다는 말이지. 배우기만 하고 익히지 않는다면 배움도 의미 없게 된다는 이야기야. 익힘이 있어야 배움도 완성된다는 이야기이기도 하지."

친구가 진지한 표정으로 고개를 끄덕였다.

"그럼 익히기 위해서는 무엇이 필요할까? 시간이겠지? 시간이 필요하니까 사교육을 받아서는 안 되는 거야. 학원에 가면 익힐 시간이 없어지고 익히지 못하면 배운 것도 몽땅 사라져버리니까."

"자네 말을 들으니 맞는 것 같기는 한데…… 그런데 말이야, 왜 많은 사람이 아이를 학원에 보내는 걸까? 한두 명도 아니고 대부분이 말이야. 자네가 모르는 뭔가가 있는 게 아닐까? 자네 말대로 학원이 실력 향상에 아무런 도움이 되지 않는다면 학원 사업이 이렇게 번성할 이유가 없지 않아? 사람들이 바보도 아니고. 돈이 남아도는 것도 아니고."

"대단히 미안한 말이지만…… 사실 인간은 현명한 존재이기도 하지만 어떤 점에서는 너나없이 어리석은 존재이기도 하다네. 대통령, 국회의원, 지방자치단체장, 지방의원 등 선거 결과를 보면 알 수 있잖아. 그동안 우리 상식으로 이해되지 않는 선거 결과가 엄청 많았잖아. 매 맞아 죽을 소리일지 모르겠다만, 내가 아는 한 교육문제에서만큼은 한국 사람 중 어리석은 사람이 너무 많아. 다수결이 옳은 게 아닌 건 그동안의 역사가 증명하지 않나?"

친구는 내 말에 귀 기울이면서 동의하는 것 같았다.

"한국의 부모들이 비싼 돈 들여 사교육에 목을 매는 것은 '콩 심은 데 콩 나고 팥 심은 데 팥 난다'는 속담을 진리로 믿기 때문인 것 같은데, 그래, 그 속담은 진리야. 하지만 사교육은 콩 심는 일도 아니고 팥 심는 일도 아니지. 잡초를 심는 일이야. 그리고 설령 콩 심는 일이고 팥 심는 일이라 해도 과유불급(過猶不及)도 생각할 수 있어야 해. 지나친 것은 미치지 못한 것과 같잖아. 아니, 지나친 것은 하지 않는 것보다 나쁜 결과를 가져오는 경우가 많아. 거름을 너무 많이 주면 식물이 말라 죽어버리는 것처럼 너무 많이 배우면 오히려 나쁜 결과를 가져오지. 잘 가르치는 선생님에게 배우면 빨리 쉽게 많이 알게 되어서 성적이 오를 거라고 기대하는데, 이건 잘못된 생각이고, 우리가 버려야 할 생각이야."

"……"

"그리고, 자네, 우리나라만 사교육이 번성하고 있다는 사실을 알지? 선진국에는 사교육이 없어. 왜 그럴까? 효과가 없기 때문이고 바보 같은 짓이기 때문이야. 자녀를 사랑하는 마음이 없어서가 아니라 자녀를 바보로 만드는 일인 걸 알기 때문이지. 우리나라는 사교육을 시키는 학부모가 대다수지만, 세계적으로 보면 사교육을 시키지 않는 학부모가 대다수야."

"자네 말이 옳은 것 같기도 한데……, 맞아, 미국도 유럽도 사교육이 없다고 했어."

"우리는 정말로 생각 없이 살아온 거야. 생각 없이 남 따라서, 남들 하는 대로, 다른 사람 가는 대로 간 거야. 정말 안타까워. 왜! 남들이 '예' 하면 아무 생각 없이 '예' 하고, 남들이 '아니요' 하면 아무 생각 없이 '아니요' 하는 것인지……. 밭에 가려다가 남들이 시장에 가니까 아무 생각 없이 지게 지고 시장에 따라가는 것인지."

"그래, 맞아, 맞아, 친구 말이 맞아. 선진국에 사교육이 없다는 것은 사교육이 필요 없다는 증거가 될 수 있겠네그려. 그리고 나 역시 남들이 사교육 시키니까 아무 생각 없이 시킨 거야. 지금 생각해보니……."

친구는 밝은 미소를 지었고 복권 1등에 당첨된 것처럼 흥분을 감추지 못했다. 무심코 나온 말, 준비되지 않은 말에 이렇게 반응이 큰 걸 보고 앞으로 이 말을 설득의 근거로 삼아야겠다는 생각을 했다.

"다시 한 번 말하지만, 콩 심은 데 콩 나는 것은 맞고 비료 적당히 주면 잘 자라는 것까지는 맞지만, 한정된 땅에 콩을 너무 많이 심거나 비료를 지나치게 많이 주면 잘 자라기는커녕 말라 죽게 돼. 아예 수확을 못하거나 수확을 하더라도 조금밖에 할 수 없다는 사실을 알아야 하는 것이야."

흥분한 나는 중학생 때로 돌아가 있었다. 모내기 때 아버지는 네다섯 줄기를 심으라 하였지만 나는 아버지 몰래 예닐곱 줄기를 심었고, 못줄에 맞춰 심으라 하셨지만 나는 못줄 셋에 네 포기를 심었다. 많이 심으면 거기에 비례해 많이 수확할 것이라고 생각했기 때문이다. 그런데 가을이 되어 논에 나가 살펴보니 내가 심었던 벼들은 키도 작고 알곡도 충실치 못했다.

"자네 말이 맞는 것 같긴 한데, 아니, 자네 말이 옳다는 건 인정해. 가방 크다고 공부 잘하는 것 아니고 책상 앞에 오래 앉아 있다고 공부 잘하게 되는 것 아니라는 사실, 나 역시 그동안 많이 확인했지. 그런데……."

나는 다음에 나올 말을 이미 알아차렸다. 사교육 하지 말라는 말에 돌아오는 대답 중 가장 많은 말이 '불안감'이기 때문이다. 그리고 부모로서의 책임감, 비싸면 좋다는 생각, 학원비가 비싸니까 뭔가 있을 것이라는 막연한 기대감, 안 하는 것보다야 낫지 않겠느냐는 이야기를 많이 들어왔기 때문이다.

"그래, 불안하단 말이지? 남들 자식은 열심히 하는데 자기 자식은 열심히 하지 않는 것 같아 불안한 마음이 든다는 사실, 나도 알아. 남들은 자식 위해 돈을 투자하는데 자신은 그러지 않으면 부족한 부모라는 생각이 들 수 있다는 사실까지도 잘 알지. 집에서는 공부하지 않지만 학원에 가면 공부를 할 것 같다고 생각하는 것도 인지상정이고, 돈을 투자했으니 많든 적든 반드시 얻을 것이 있으리라는 기대를 갖는 것도 자연스럽지. 바로 이거야. 한국의 부모들, 특히 엄마들은 자식이 그저 학원에 가기만 하면, 학원 책상 앞에 앉아 있기만 하면 공부를 잘할 것으로 생각한다는 것. 정말 안타깝지."

"그리고 우리 마누라 이야기를 들어보면 학원에 가지 않으면 함께 놀 친구들이 없다고 하던데. 그러니까 꼭 공부시키기 위해서가 아니라 친구 사귀는 목적으로, 친구와 어울리게 하기 위해서도 학원에 보내는 모양이더라고."

"그렇다는 말, 나도 많이 들었네. 그런데 이 말 웃기는 말 아닌가? 아니 코미디보다 더 웃기는 현실 아닌가? 눈물 나는 현실 아닌가?"

친구들이랑 어울리려고 학원에 가는 것도 이상했지만, 거기에 그 많은 돈을 쏟아붓는다는 것이 더 이해되지 않았다. 집에서 놀면 안 되냐고 묻고 싶었고 혼자 놀면 안 되냐고 묻고 싶었다. 집에서 혼자 책 보고, 이렇게 저렇게 생각해보고, 이런 것 저런 것 만들어보고, 운동하고, 노래 부르고, 악기 연주하고, 음식 만들어보고, 가까운 공장이나 농장 견학도 가고, 시장 구경도 하면 안 되는 건지 궁금했다. 왜 어른은 아이를 자신의 통제 아래 두려는지 이해할 수 없었다. 갑자기 텅 빈 학교 운동장을 볼 때마다 화가 나던 기억이 떠올랐다.

"난 텅 빈 학교 운동장을 볼 때마다 속이 상해. 아이들이 뛰어놀아야 할 공간에 아이들이 없는 것을 보면 화가 나기도 해. 쉽지는 않겠지만 누구라도 선구자가 되면 좋겠다는 생각을 많이 해. 놀 친구가 없다 하지 말고 자기 아들딸 혼자서라도 운동장에서 놀게 하면 되잖아. 그러면 다른 아이들도 올 것인데 말이야. 자신이 변하면 다른 사람도 변하는 것인데. 자기 자녀가 혼자서 놀고 있으면 같은 생각을 가진 부모나 학생이 찾아오리라는 믿음을 가지면 좋은데. 자신이 먼저 놀겠다는 생각은 하지 않고 누가 놀기 시작하면 끼어들려고만 하니까 일이 안 되는 게 아닐까? 그리고 노는 것에 대한 생각도 새롭게 해볼 필요가 있어. 혼자 노는 방법도 있기 때문이지. 함께하는 여행이 일반적이지만 혼자 하는 여행도 충분히 재미있고 의미 있는 것처럼 노는 것 역시 혼자 노는 것도 재미있고 의미가 있거든. 독서의 중요성은 알잖아? 혼자 책 읽는 일은 그 무엇보다 중요한 일이야. 혼자 놀도록 하는 것도 좋은 방법이거든. 도서관에 가도록 하고, 박물관, 미술관, 공연장, 극장에 가도록 하면 되잖아. 요즘 마을마다 도서관도 있으니 혼자 도서관에 가서 책을 친구 삼아 놀도록 하는 거야. 책보다 더 좋은 스승은 없고 책만큼 좋은 친구도 없으니까."

"……"

"그리고 사실, 사교육비 지출도 반드시 고민해봐야 하는 문제야. 사교육 때문에 실력 향상이 안 되는 문제만큼 심각한 건 사교육비 때문에 삶이 고통스럽다는 사람이 많다는 사실이지. 아, 글쎄 사교육 때문에 출산까지 꺼린다잖아. 요즘 사교육비가 월평균 80만 원이 넘는 것 같더라고."

"무슨 소리야. 영어, 수학은 기본이니까, 각 40만 원씩만 잡아도 80만 원이고 국어, 사회, 과학까지 하면 150만 원 넘는 경우도 적지 않다던데……."

"그러니까 내가 이렇게 사교육 하지 말라고 하는 것 아냐? 내 돈이 아니지만 나는 사교육비가 아까워 죽겠어. 성적이 올라간다고 해도 아까울 텐데, 성적이 올라가지도 않는데 왜 그렇게 많은 돈을 쏟아붓는지 이해가 되지 않아. 자기 부모님 용돈으로 10만 원 주는 것은 아까워하면서, 가난한 이웃을 돕는 것에 단돈 1만 원도 망설이면서, 가족끼리 외식 한 번, 여행 한 번 제대로 못하면서…… 나로서는 정말 많이 안타깝다."

"집에서는 아이들이 공부 안 하고 노니까 그러는 것 아닐까?"

"좋아. 아주 중요한 지적이야. 그렇다면 학원에 가면 공부할까? 그러는 아이들도 있겠지만, 아마 공부하지 않는 아이들이 더 많을걸. 사실 학교에서도 공부하는 아이들보다 공부하지 않는 아이들이 더 많거든. 그런데 부모들은 착각을 하지. 집에서는 공부 안 하지만 학원에 가면 공부할 거라고. 학원 선생님에게 미리 배우면 실력이 향상될 것이라고……. 듣기 싫은 말 한마디해도 괜찮을까?"

"……."

"더 중요한 것은 아이들에게는 놀 권리가 있다는 사실이야. 어른들의 하루 근로 시간이 8시간이니까 아이들에게도 하루 최대 8시간만 공부할 의무가 있다고 생각해야 해. 그리고 나머지 시간은 놀 수 있도록 해야 한다고 생각해. 어른들은 8시간 일하면서 아이들에게는 12시간 15시간 공부하라는 건 정말 모순이자 나쁜 짓이지. 부모들은 아이들이 노는 모습을 즐거운 마음으로 볼 수 있어야 해. 그런데 대부분 엄마는 아이가 노는 꼴을 못 봐요. 노는 것은 아이의 정당한 권리라는 생각을 안 해요. 어리석게도 우리 어른들은 아이들이 쉬는 것, 노는 것을 죄악이라고 생각해요."

나 혼자 떠들고 있다는 생각에 미안해서 친구의 표정을 살폈다. 친구가 진지하게 들어주는 것 같아서 마저 이야기해도 될 것 같았다.

"아이들은 놀면서 성장한다는 사실을 알아야 하고, 놀면서 배우는 것이 많다는 것도 알아야 해. 선생님께 배워서 아는 것도 있지만 책을 통해 알게 되는 것도 있고 실패를 통해 배우는 게 있음을 알아야 해. 스스로 생각하면서 깨달아 아는 것도 있고 놀면서 배우는 것도 있고 싸우면서 배우는 것도 있음을 알아야 한다는 말이야."

"자네 말이 맞네. 부모는 자식이 노는 꼴을 볼 줄 알아야 하는데. 그리고 노는 건 아이들의 특권이고, 우리 어른들이 아이들의 놀 권리를 빼앗아서는 안 된다는 사실도 알아야 하는데……. 이런 현실이 많이 안타까워."

헤어지기 위해 악수를 하는데 친구가 손을 놓지 않고서 말했다.

"어이, 친구, 부탁이 있네. 우리 한번 만나세. 부부동반으로. 우리 마누라에게 말 좀 해주면 안 되겠나? 오늘 나에게 했던 이야기 말일세. 부탁하네. 자네 말이라면 우리 마누라 생각이 바뀔 것 같네. 그러지 않아도 우리 마누라가 자네를 아주 신뢰하거든……."

"좋지. 내일이라도 당장 만나세. 내가 누군가? '자기주도학습 전도사' 아닌가? 내일이라도 만나세. 밥은 내가 사겠네."

"……."

"고맙네. 교육을 생각하면 많이 안타까워. 교육이 행복을 만드는 것이 아니라 오히려 고통을 만드는 현실, 사교육으로 가정경제가 휘청거리는 현실, 집을 팔아서라도 사교육을 시켜야 한다는 생각에서 벗어나지 못하는 사람들, 사교육비 때문에 삶을 즐기지 못하는 사람들, 아이들은 아이들대로 피곤하고 부모는 부모대로 피곤한 대한민국. 사교육을 받아야 성적이 향상된다는 생각을 버려야 하는데. 사교육은 오히려 공부의 훼방꾼인데, 정말로. 정말로."

학부모님 전상서

"돈이 있어야 행복을 만들 수 있다고 생각하시지요?"

몇몇 학부모는 무슨 소리냐는 표정으로 주위를 둘러보았고 몇 분은 대답 대신 웃으면서 끄덕였다.

"학원비나 과외비가 적은 돈이 아니잖아요. 그 돈을 잘 사용하면 행복할 수 있지 않을까요? 외식도 하고 여행을 다니면 행복할 수 있잖아요. 한 달에 80만 원이면 1년이면 960만 원. 외식할 것 같으면 매주 온 가족이 근사하게 할 수 있고, 여행을 계획하신다면 전 가족이 해외여행도 다녀올 수 있는 돈이잖아요. 행복, 지금 누리세요. 지금 누릴 수 있는 행복을 왜 누리지 못하고 미래로 미루죠? 지금 행복을 누리시지 못하면 훗날에도 누리지 못합니다. 지금 누리시는 것이 현명함입니다."

'지금 무슨 이야기를 하시는 것입니까?'라는 항의를 할 수 있다는 느낌이 왔다.

"사교육을 시키지 않으면 성적 향상되지, 자율성 커지지, 거기에다 행복해지지……. 대부분 사람이 모르는 사실 하나가 있습니다. 외식이나 여행으로 행복을 맛본 아이는 더 열심히 공부를 한다는 사실이 그것입니다. 만약 부잣집 아이가 공부를 잘한다면 그것은 사교육 때문이 아니라 행복하기 때문이라고 저는 생각합니다. 자기를 행복하게 만들어준 부모님께 보답하자는 마음에서 공부를 열심히 한다는 이야기지요. 사교육비를 가족의 행복 만들기에 쓴다면 아이의 성적은 자연스럽게 올라갑니다."

"……."

"사교육 없이 자기주도학습을 통해 대학에 간 아이는 대학에 가서도 앞서 나가고, 대학을 졸업한 후 사회생활에서도 앞서간다는 사실도 중요합니다. 자기주도학습을 했던 저의 제자 대부분은 대학에서 장학금을 받았고 대학 졸업 후에 원하는 직장에 들어갔습니다. 요즘 취직이 어렵다는 이야기를 많이 듣는데 사교육 없이 자기주도학습을 한 아이들은 거의 대부분 원하던 직장에 취업하였더라고요. 저는 이것을 자기주도학습의 힘이라고 말하고 싶습니다."

"선생님, 부끄럽지만 저는 아들하고 관계가 좋지 않은데 어떻게 해야 하지요?"

영길의 엄마였다.

"그래요? 영길이 어머님이시지요? 이상하네요? 학교에서는 착하고 친구들하고도 잘 어울리는데……. 어쨌든 많이 속상하시겠어요. 그런데 사실 걱정하지 않으셔도 됩니다. 중·고등학생들 대부분 아직 철이 들지 않아 그렇거든요. 나이 먹어 철이 들면 괜찮아지니까 크게 걱정하지 않으셔도 됩니다. 그만한 나이 때는 다 그런다고 생각하시면 편합니다. 모르긴 해도 영길이 아버님도 고등학교 시절에 그러했을 것 같은데요? 저도 그러했고요. 생각하면 부끄럽지요. 숨고 싶고요. 아이들과 이야기해보니 마음은 그렇지 않은데 다른 사람들에게는 못하니까, 부모님은 다 받아주니까, 가장 가까우니까 화내고 짜증낸다고 하더라고요. 그러면서 또 후회하고 반성하고 그러더라고요. 그러니까 그냥 무조건 사랑해주고 기다려주면 됩니다. 사랑은 용서예요. 용서보다 나은 방법은 없는 것 같아요."

"당연한 일이라는 말씀이신가요?"

"당연한 일이라는 말은 아니고, 크게 걱정하거나 슬퍼하거나 괴로워할 일은 결코 아니라는 말입니다. 시간이 영길이를 착한 아들로 만들어줄 것입니다. 아니, 사실은 지금도 영길이는 충분히 착한 아이예요."

"아들 때문에 제가 속상해서 괴롭다는 말이 아니라, 우리 아들이 괴로우면 아들 공부에 지장이 있을까 걱정되어서……."

"그래요. 이 마음을 영길이가 알아주어야 하는데……. 맞아요. 공부뿐 아니라 무슨 일이든 잘하기 위해서는 마음이 편안해야 하지요. 불편한 마음으로 뭔가를 잘하기는 정말 어렵습니다. 마음을 편안하게 해주는 일 역시 부모의 역할이라 할 수 있지요."

"……."

"두 사람 다 이길 수는 없어요. 누군가는 양보하고 져주어야 하는 게 맞지요? 그럼 누가 져주어야 하고 누가 양보해야 할까요?"

"……."

"부모예요. 어른이니까요. 철들었으니까요……. 보세요. 이제 막 걸음마를 시작한 두 살배기 어린아이에게 대소변을 가리지 못한다고, 청소하지 않는다고 야단쳐서는 안 되잖아요. 마찬가지예요. 철이 든 엄마 아빠라면 철이 들지 않은 아들 딸에게 양보하는 게 맞아요. 그리고요, 자식 이기는 부모 없다는 말도 있잖아요. 어머님 아버님도 어렸을 적에 부모님 힘들게 하셨잖아요? 부모님들에게 양보받으셨잖아요? 숙명이에

23

요. 자연의 이치지요. 웃으면서 받아들이셔야 합니다."

적극적으로 고개를 끄덕이는 부모의 모습을 보면서 흐뭇하였다.

"부모님들을 상대로 이야기하니까 참 좋네요. 아이들은 이렇게 적극적으로 경청해주지 않거든요. 그래서 힘들고 재미없거든요. 그런데 몇 년 전부터 아이들을 이해하기로 했어요. 중·고등학생 때는 모두 다 그러하다는 사실을 알았으니까요. 저도 그러했고요. 지금 제 이야기를 열심히 듣고 계시는 어머님 아버님 들도 학창시절에는 이 시간처럼 선생님 말씀을 적극적으로 듣진 않으셨을 것 같은데요……"

옆과 뒤를 둘러보시던 재진의 어머니께서 "기억이 나지 않아요. 잘 듣지 않았던 것 같긴 하네요"라고 말하면서 고개를 끄덕였다.

"시간이 조금 필요할 것 같아요. 철이 들려면……. 조바심 나시겠지만 어떡하겠어요. 믿고 기다리는 것 외에 다른 방법, 없습니다."

"선생님, 철 빨리 들게 하는 좋은 방법 없을까요?"

"있으면 저에게도 좀 알려주세요."

여기저기서 웃음이 터져 나왔다.

"때리면 되지 않을까요? 옛말에 매가 약이라는 말도 있잖아요."

"때리다니요? 절대 아닙니다. 옛말이라고 다 옳은 것 아니거든요. 저는 절대 아니라고 말하고 싶습니다. 체벌이 당장은 효과 있을지 몰라도 매를 맞고 수긍하는 건 진심으로 수긍하는 게 아니기 때문이고, 마음을 움직이지 못하는 교육은 교육이 아니기 때문입니다. 또한 '칼로 흥한 자 칼로 망한다'는 말처럼 체벌로 교육받은 사람은 무의식중에 폭력성이 체화되어 언젠가 자신도 모르게 폭력을 행사할 가능성이 있다고 생각하기 때문입니다."

"선생님. 꼭 그렇게 부정적으로만 생각해서는 안 될 것 같아요. 체벌을 통해 정신을 차릴 수 있고 그래서 공부를 하게 된 경우도 많잖아요."

"그래요. 있지요. 있겠지요. 그런데 체벌을 사용하지 않고 좋은 결과를 낸 경우가 훨씬 많다는 사실을 아셔야 합니다. 특히 고등학생에게는. 그리고 체벌로 인한 분노 때문에 엇나가는 경우도 많다는 사실을 아셔야지요. 체벌의 긍정적 면을 이야기하시고 싶으시다면 부정적 면이 더 많다는 사실까지 인정하시라고 말하고 싶네요. 체벌은 어떤 경우에도 합리화되어서는 안 되고 최선의 방법이 아닌 것도 분명하다고 말하고 싶네요. 지식을 쌓도록 하는 것만 교육이 아니잖아요. 성적을 올리기 위해서 체벌을 한다는 것은 작은 것을 얻기 위해 큰 것을 버리는 일이라고 저는 생각합니다."

"……"

"결국 가장 중요한 건 마음가짐이라는 생각을 다시 한 번 해봅니다. 학생들은 어떻게 해야 공부를 잘할 수 있을 것인가와 함께 자신에게 부모란 어떤 존재인가에 대해 생각해보아야 하고, 부모님들 역시 어떻게 하면 자녀들이 공부를 잘할 수 있을 것인가와 함께 부모에게 자녀란 어떤 존재인가에 대해 깊이 생각해보아야 할 것 같습니다. 다음의 말을 한번 따라 해주시겠습니까?"

리모컨을 누르자 화면에 다음의 글이 선명하게 나타났다.

> 자녀는 특별하고도 중요한 평생의 친구다.
> 끊으려 해도 끊을 수 없는 영원한 친구다.
> 자신의 말과 행동이 자녀와의 관계를 아름답게 하는지 불편하게 하는지에 대해서 진지하게 생각해보아야 한다.

부모님들은 열심히 그리고 정성스럽게 음미하며 읽어 내려갔다. 다시 한 번 학부모들이 학생이라면 좋겠다는 엉뚱한 생각이 들었고 동시에 공부를 잘하기 위한 첫째 조건은 역시 철드는 것, 세상의 이치에 대해 아는 것이라는 생각도 해보았다.

"자녀에게 무한한 사랑을 주면서 따뜻한 미소로 다가가면 좋을 것 같습니다. 그리고 무엇보다 다음을 기억해주세요. 늘 강조했듯이 시간이 날 때마다 되새기며 생각해주시길 바랍니다"라고 말하면서 리모컨을 다시 눌렀다.

공부는 □□이 한다.
공부는 □으로 한다.
□□과 수업집중과 □□이 충분하여야 좋은 성적을 거둘 수 있다.
□□하고 또 □□하라.
□□하고 또 □□하라.
수학능력시험은 □□□을 측정한다.
나는 □□□을 받지 않았다. 왜냐하면 □□이 없었기 때문이다.

"네모 칸을 채우면서 우리 함께 읽어볼까요?"

이렇게 말하자 이전과 마찬가지로 아이들보다 더 큰 소리로 읽어 내려갔다. 교사와 학부모로서가 아니라 교사와 학생으로서의 만남이라는 생각이 들었다.

"공부는 학생이 한다."

"공부는 책으로 한다."

"예습과 수업집중과 복습이 충분하여야 좋은 성적을 거둘 수 있다."

갑자기 소리가 끊겼다. 답이 생각나지 않은 것이리라. 학부모에 대한 예의를 지켜야 한다는 생각으로 바로 내가 읽었다.

"생각하고 또 생각하라." 학부모들 역시 "생각하고 또 생각하라"라고 읽었다. 다시 멈칫하면서 겸연쩍어 한다. 처음 들은 사람에게는 어려울 것이라는 생각을 하면서 다시 내가 읽었다.

"반복하고 또 반복하라."

"반복하고 또 반복하라."

마지막 두 개는 자연스러운 합창이 되었다.

"수학능력시험은 사고력을 측정한다."

"나는 사교육을 받지 않았다. 왜냐하면 시간이 없었기 때문이다."

실천하는 자기주도학습을 위하여

　모르겠단다. 공부하는 방법을 알려달란다. 자기주도학습이 옳은 방법인 것은 알겠는데 그러면 어떻게 공부하라는 것이냐면서 목소리를 높인다. 그냥 읽고 또 읽고 생각하고 또 생각하면 된다고 이야기해주었지만 이해 못하겠다는 표정을 거두지 않는다. 독서백편의자현을 이야기해주어도 그것으로는 부족하단다.

　아이들을 탓하려다 말고 열다섯 살 열여덟 살의 나로 되돌아가보았다. 나 역시 몰랐었다. 방법을 알고 싶었다. 실력 있는 선생님을 만나지 못한 것을 불평했고 잘 가르치는 선생님에게 배우면 잘 알 수 있다고 생각했다. 많이 배워야 많이 알 수 있게 된다고 생각하였고 기초 쌓기보다 문제 풀이가 더 중요하다고 생각했었다. 그 누구도 효율적인 공부법을 알려주지 않았고 나 역시 공부법에 대해 알려고 조금도 노력하지 않았다.

　'누군가가 알려주었더라면', '알려주는 책을 만났더라면'이라는 생각이 내 온몸에 힘을 넣었다. 20년 넘게 연구하여 깨닫게 된 공부법을 공부 때문에 고통받는 아이들에게 구체적으로 알려주어야 한다는 의무감이 온몸으로 번져나갔다. 공부가 무엇인지, 어떻게 공부해야 하는지에 대해 이야기해주어야 한다는 사명감이 밀려왔다. 해야 할 일과 하지 말아야 할 일에 대해서 이야기하고 싶었다. 아이들 눈높이에 맞춰야 한다는 생각으로 자판을 끌어당겼다. 그리고 수업 시간에 제자들에게 들려주었던 이야기를 글자로 바꾸기 시작했다. 한 꼭지 쓰기를 마치자 또 한 꼭지 내용이 떠올랐고 그러자 또 한 꼭지의 방법이 꼬리를 물고 이어졌다. 경험이 튀어나왔고 제자들과 대화 속에서 얻은 방법도 모양을 갖추게 되었으며 학생들에게 미처 말해주지 못했던 생각들도 활자로 바뀌었다.

학부모들의 소망 1위는 '자식이 공부 잘하는 것'이고 학생들의 소망 1위 역시 '공부 잘하는 것'이다. 그런데 이상하다. 공부를 중요하게 생각하면서도 공부에 대해서는 잘 모르고 알려는 생각조차 하지 않는다. 공부하는 방법에 대해 이야기해줄라치면 들을 필요 없다고 손사래 친다. 알지 못하면서 안다고 착각한다. 대학수학능력시험의 평균 점수가 가장 높은 지역이 제주도라는 사실조차 모르면서 공부에 대해서는 잘 알고 있다고 큰소리친다. 서울 아이들이 가장 공부 잘한다고 생각한다. 제주도가 왜 항상 1등인지에 대해서도 관심 없고 서울 학생들이 왜 공부를 못하는지에 대해서도 알려 하지 않는다. 과외 받고 학원 다니고 인강 듣는 것을 공부 잘하는 방법으로 알고 있다.

이 책에 제시한 내용들은 나 또한 서른여덟 살까지는 몰랐던 내용들이다. 학습법에 관한 책들을 읽은 후, 졸업생들과 대화를 나눈 후, 학부모들의 이야기를 들어본 후, 선생님들과 토론한 후, 이렇게 저렇게 생각한 후에 얻은 결과물이다. 20년 넘게 고민하고 연구하여 알아낸 방법들이다. 20년 넘게 수험생들을 만나면서 학생들이 어떻게 공부해서 어떤 결과를 냈는지 확인하여 얻어낸 보고서다.

공부, 어렵다. 그러나 넘기 어려운 산도 결코 아니다. 전체를 꼼꼼히 읽어주면 좋겠다. 그리고 한 번 더 읽어주면 좋겠다. 그런 다음 하나씩 실천해가면 좋겠다. 전부라면 좋지만 70퍼센트만 실천해도 성적은 분명 놀랄 만큼 오를 것이다. 하찮은 것이라 생각되는 것이 보배인 경우가 적지 않다. 평범하고 하찮게 보이는 방법들이 큰 역할을 할 수 있다고 생각해주면 고맙겠다. 작아 보이는 방법들이 공부 방법을 몰라 괴로워하는 학생들에게 미소를 만들어줄 수 있다면 참 좋겠다. 나의 작은 방법들을 실천해준 제자들, 그래서 꿈을 이룬 제자들에게 감사의 뜻을 전한다.

스스로
공부
잘하는 법

01

배움보다 익힘을
중요하게 생각하라

배우는 시간보다
익히는 시간이 많아야 한다

공부는 학습이고 학습은 '배울 학(學)' '익힐 습(習)'으로 배우고 익히는 일이다. '배움'만으로 공부했다고 할 수 없고 '익힘'만으로도 공부했다고 할 수 없다. '배움'과 '익힘'을 마쳤을 때 공부하였다고 이야기할 수 있다. 그렇다면 '배움'과 '익힘'이 1:1이면 적당할까? 절대 아니다. '익힘'이 훨씬 많아야 옳다. 학습법을 연구하는 사람들은 대부분 3배수 법칙을 이야기한다. 1시간 배우면 3시간을 익혀야 한다는 것이다. study는 무슨 뜻일까? 포털사이트 다음(daum)의 국어사전에는 '연구', '조사', '공부', '검토하다', '관찰하다'라고 쓰여 있다. '배우다'라고는 쓰여 있지 않았다.

독서백편의자현(讀書百遍義自見)을 이야기하고 싶다. '읽을 독(讀)' '글 서(書)' '일백 백(百)' '번 편(遍)' '뜻 의(義)' '저절로 자(自)' '나타날 현(見)'으로 글을 읽음에 백 번을 읽으면 뜻이 저절로 나타난다는 뜻이다. 어떤 글일지라도 반복하여 읽으면 누군가에게 배우지 않아도 의미를 깨닫게 된다는 이야기다. 중국에서 최고의 학자로 평가받던 동우라는 학자가 한 말인데 사람들이 글을 배우겠다고 찾아오면 가르쳐주는 대신 독서백편의자현을 이야기했다고 한다. 그렇다. 배우지 않아도 알 수 있다. 생각하면서 읽고 또 읽으면 배우지 않아도 글의 뜻을 알 수 있게 된다.

우리나라 학생과 학부모들이 버려야 할 생각 중 하나가 잘 가르치는 선생님에게 배워야 잘 알 수 있고 많이 배워야 많이 알 수 있다는 생각이다. 지금이라도 당장 배워야 알 수 있다는 생각을, 익혀야 알 수 있다는 생각으로 바꿔야 한다. '배움'이 실력 향상에 미치는 영향은 많아야 10퍼센트다. 90퍼센트는 뭐냐고? '익힘'과 '생각함'이다. 아무리 잘 배우고 많이 배운다 해도 생각하지 않거나 반복해서 익히지 않으면 지식을 쌓을 수 없다. 익힘 없이 완성되는 지식은 없다. '배움'보다 '익힘'이 어렵다고? 인정한다. 익힘이 열 배 이상 어렵다.

그런데 익히지 않고는 절대 좋은 성적을 낼 수 없다. 익히는 고통을 견뎌내지 않으면 실력을 절대 쌓을 수 없다. 공부는 넘기 쉬운 산이 아니지만 넘기 어려운 산도 결코 아니다.

오래전 수능 고득점자들 23명에게 물은 적이 있다. 대학수학능력시험 성적 향상에 가장 좋은 것은 무엇이었느냐고? 학교수업 0명, 학원수업 0명, 인터넷수업 0명이었다. 23명 모두 자율학습이라고 대답했다. 공부 잘하는 학생 대부분은 배우기보다 자율학습하기를 더 좋아한다. 좋은 성적의 주인공들 모두 '익힘'의 시간을 많이 가진 학생들이다. '익힘'보다 '배움'을 선택한 학생이 좋은 결과를 낸 경우를 본 적이 없다. 2022년 대한민국 학생들의 가장 큰 문제는 많이 듣는다는 것, 그냥 듣기만 한다는 것이다.

배움만으로는
실력을 쌓을 수 없다

아이들에게 물었다. "이번 시험에서 80점을 받았다고 하자. 그런데 만약 수업시간에는 정말 열심히 강의를 들었지만 시험공부는 전혀 하지 않은 채 시험을 치렀다면 몇 점쯤 받았을까?" 30점이라는 아이들이 가장 많았다. 사람마다 다르고 과목마다 다르겠지만 어쩌면 30점 이하도 많을 것이다. 객관식이면 40점도 가능할 수 있겠지만 서술형이라면 10점도 어려울 수 있다.

수업시간에 영어 단어 100개를 배우고 일주일 후에 시험을 치르면 몇 점을 받을 수 있을까? 암기력이 뛰어난 학생도 10점을 받기 힘들 것이다. 보통 수준의 학생이라면 5점도 불가능할지 모른다. 20점도 가능할 것 같다고? 배우기 전에 어렴풋하게나마 알고 있던 단어라면 가능할 수 있지만 전혀 생소한 단어라면 불가능하다. 선생님에게 배운 것을 익힘 없이 자기 것으로 만들 수 있는 사람은 없다. '배움'은 지식을 만드는 첫걸음일 뿐 지식의 완성은 '익힘'이다.

〈생활의 달인〉이라는 프로그램의 주인공들. 잘 배웠기 때문에 달인이 될 수 있었다고 말한 사람이 있던가? 그런 사람은 단 한 명도 없다. 모두 열심히 익혔기 때문에 달인이 되었다. 실력은 배워서 쌓을 수 있는 게 아니라 익혀야 쌓이는 것이다.

책을 스승 삼고
책과 씨름해야 한다

아이들이 공부를 못하는 이유, 성적이 오르지 않는 이유는 분명하다. 배우는 일에 시간을 몽땅 써버려서 익히는 시간을 가지지 못하기 때문이다. 노무현 전 대통령의 학력은 고졸이다. 그것도 상업고등학교. 그런데 사법고시에 합격하였고 판사와 변호사도 했다. 더 중요한 사실은 그 어떤 지도자보다 지식과 지혜가 뛰어나다는 평가를 받는다는 점이다. 정치적 관점에서 좋아하지 않는 사람조차도 토론의 달인이라는 평가에는 고개를 끄덕인다. 그렇다면 그 모든 지식과 지혜는 어떻게 쌓을 수 있었던가?

책이다. 책으로 혼자서 공부했다. 책을 스승으로 삼았고 책과 씨름하였다. 생각하면서 읽고 또 읽었다. 완전하게 알 때까지 반복했다. 책을 보지 않고 책의 내용을 백지에 쓸 수 있을 때까지 읽고 또 읽었다. 김대중 전 대통령 역시 대학을 다니지 않았고 그 어떤 교수에게도 배우지 않았다. 그런데도 지식과 지혜의 양은 엄청나다. 교도소에서 공부할 수 있었음에 감사하지 않았던가? 선생님이나 교수님에게 잘 배움으로써 지식을 쌓은 사람은 없다. 책을 읽고 생각하고 익힘으로 지식을 키운 사람만 존재한다. 책이다. 책, 책, 책, 책이다. 책 속에는 동서고금의 지식과 지혜가 몽땅 담겨 있다. 대학입시를 위한 지식도.

02

선생님에게
의존하지 마라

아무리 훌륭한 교사도
공부를 대신 해줄 수는 없다

사람들이 흔히 하는 착각 중 하나는 배우면 알 수 있다
는 생각이다. 열 개를 배웠어도 하나도 모르는 경우가 아주
많다. 열 명이 같은 시간 같은 장소에서 같은 선생님에게 같
은 내용을 배웠어도 아는 내용은 각기 다르다. 잘 가르치는
선생님에게 많이 배우면 실력이 향상될 것이라는 생각부터
버려야 한다. 실력을 쌓는 데 선생님의 실력은 조금도 중요하
지 않다. 선생님이 잘 가르친다고 학생이 잘 알게 되는 것은
절대 아니다. 공부는 선생님이 시켜줄 수 있는 게 아니라 학
생이 해야 하는 것이기 때문이다. 학생이 주도권을 가지고 적

극적으로 알려고 노력해야 실력을 키울 수 있다.

선생님은 가르쳐주는 것으로 역할 끝이다. 자기 것으로 만드느냐 만들지 못하느냐는 학생의 몫이다. 가장 중요한 것은 배우는 사람의 의지와 노력이다. 소를 물가까지 끌고 갈 수는 있으나 물을 먹일 수는 없는 것처럼 아무리 유능한 교사라도 학생의 뇌에 지식을 저장시켜줄 수는 없다.

자신이 가르치면 그 어떤 학생이라도 1년 안에 3등급 이상의 성적 향상을 거두게 할 수 있다고 자신할 수 있는 교사는 이 지구상에 없다. 지금까지 없었고 앞으로도 없을 것이다. 잘 가르치는 선생님이 있는 것은 사실이지만 잘 가르친다는 이유로 학생의 실력이 향상되는 경우는 없다. 같은 교실에서 같은 선생님에게 같은 내용의 강의를 받았는데 누구는 왜 1등급이고 누구는 왜 9등급인가? "나는 절대 혼자서는 할 수 없어"라고 말하는 학생들이 많아지고 있다. 이런 학생들에게 말해주고 싶다. "혼자 할 수 없는 학생은 세계 최고의 선생님에게 배워도 절대 잘할 수 없다"라고. 누구도 남의 체력을 강하게 만들 수 없는 것처럼 누구도 남의 실력을 쌓아줄 수는 없다.

가르친다고 아는 것 아니고
배운다고 아는 것 아니다

교사의 역할은 고기를 던져주는 일이 아니라 고기 잡는 방법을 알려주는 일이다. 무엇을 공부해야 하는지 어떻게 공부해야 하는지를 알려주고, 동기를 부여하고 격려하고 칭찬하는 것이 교사의 역할이다. 교사의 역할은 티칭(teaching)이 아니라 코칭(coaching)이다. 잘 가르치는 선생님이 있고 못 가르치는 선생님이 있는 것은 사실이지만 잘 가르치는 선생님에게 배웠다고 좋은 성적을 내는 것이 아니고 못 가르치는 선생님에게 배웠다고 나쁜 성적을 내는 것은 아니다. 실력 뛰어나고 잘 가르치기로 소문난 A라는 선생님이 가르친 학급의 평균 성적이 실력 없고 못 가르친다고 소문난 B라는 선생님이 가르친 학급의 평균 성적보다 못 나오는 경우도 적지 않다.

비슷한 수준의 학생들을 두 개 반으로 나누었단다. A반은 실력자로 소문난 교수가 가르치고 B반은 가르쳐본 경험도 전혀 없는 젊은 조교가 가르쳤단다. 한 학기가 끝난 후 치른 시험의 결과는 놀랍게도 B반의 성적이 월등하게 좋았단다. 무엇 때문이었을까? A반 학생들은 교수님이 잘 가르쳐주니 교수님만 믿고 공부하지 않았기 때문이고, B반 학생들은 조교만 믿다가 큰일 날 것 같다는 생각으로 각자 열심히 연구하면서 공부하였기 때문이었단다.

누구에게나
스스로 할 수 있는 잠재력이 있다

시켜주는 공부만 하다가 자신이 주도해 하려 하면 처음엔 힘들고 짜증도 난다. 이때 필요한 것은 할 수 있다는 자신감을 갖는 일이다. 그리고 처음에는 힘들지라도 하다 보면 재미있어질 것이라는 믿음이다. 스스로 읽어야 하고 스스로 이해해야 하고 스스로 생각해야 하며 스스로 판단해야 한다. 그리고 이 모든 일들을 끊임없이 해야 한다. 이렇게 하지 않으면 모든 공부가 헛공부가 되어버린다.

03

잠을 충분히 자라

맑은 정신이 아니면
지식 습득은 불가능하다

2022년 대한민국 중·고등학교 교실에는 졸거나 자는 아이들이 너무 많다. 방법이 없을까? 밤 11시 이전에 자도록 하면 된다. 스마트폰 불통되게 만들고 인터넷을 못하도록 하면 된다. 11시 이후에는 사교육이나 인터넷강의 듣지 못하도록 하면 된다.

공교육이 붕괴된 지 꽤 오래다. 지금이라도 바로 세워야 한다. 교실 붕괴의 첫 번째 원인은 수면 부족이다. 많이 배우고 잘 배워야 공부를 잘할 수 있다는 생각부터 버려야 한다. 4당 5락을 진리라 믿는 어리석음에서 빠져나와야 한다. 시속

10킬로미터로 15시간을 달리면 150킬로미터를 갈 수 있지만 시속 80킬로미터로 7시간만 달려도 560킬로미터를 갈 수 있다. 잠에 취한 흐리멍덩한 정신으로 공부하는 것보다 뇌 활동이 활발한 낮에 맑은 정신으로 집중해 공부하는 것이 더 좋은 결과를 가져온다는 이야기다.

이익만 보지 말고 손해도 함께 볼 수 있어야 한다. 득점의 기쁨만 생각하지 말고 실점의 아픔도 생각해야 한다. 한두 시간 더 공부해서 얻은 조그마한 이익만 생각하지 말고 다음 날 비몽사몽으로 6, 7시간 제대로 공부 못한 손해까지 계산할 수 있어야 한다. "5시간 이하로 자면 바보가 된다"라고 말한 아인슈타인의 말을 곱씹어볼 수 있어야 한다. 잠을 충분히 자지 않고서 좋은 결과를 낸 학생은 없다.

4, 5시간 자고
생활에 지장 없는 사람은 2퍼센트다

'4당 5락'을 이야기하는 사람이 많다. 나폴레옹을 끌어오고 친구의 친구 아들까지 소환하면서 4시간만 자고 공부하라고 다그치는 학부모들도 있다. 4시간 자고도 생활에 지장 없는 사람이 있긴 있다. 그런데 그 숫자는 2퍼센트 정도다. 거기에 들도록 노력하면 되지 않느냐고? 노력한다고 가능한 게 아니라 그런 DNA를 가지고 태어나야 가능하다. 100명 중 2명만 엄청난 축복을 받고 태어난 것이다. 하루 7시간 잠을 자야 정상적인 활동을 할 수 있는 사람에게 4시간만 자고 공부하라고 하는 것은 키 160인 사람에게 노력하여 185가 되라고 요구하는 것과 같고, 노력하면 누구나 손흥민이나 류현진처럼 될 수 있다고 채찍질하는 것과 같다.

노력으로 가능한 일도 있지만 노력으로 불가능한 일도 많다. 충분히 먹어야 하고 완벽하게 배설해야 하는 것처럼 충분히 잠자야 한다. 수면은 시간 낭비가 아니라 에너지 충전이다. 아무리 시간이 없더라도 충분하게 먹어야 하는 것처럼 아무리 시간이 부족하다 할지라도 충분히 자야 한다. 자는 시간을 아까워하지 말고 깨어 있는 시간을 헛되이 보내지 말아야 한다. 자는 동안에도 뇌 활동은 그치지 않는다고 한다. 자는 동안에 그날 공부한 내용을 정리하고 기억을 저장한다는 것이다. 잠자는 것도 공부라고 생각해야 옳다.

저녁형 인간은 없다
스스로 그렇게 만들었을 뿐

자신을 저녁형 인간이라 말하면서 저녁에 공부가 잘되니까 낮에 졸거나 자더라도 괜찮다고 말하는 사람이 있다. 신병교육대에서 조교로 근무했었는데 그때 훈련병들의 취침 시간은 밤 10시였다. 그런데 취침 후 5분 안에 잠들지 못하는 훈련병은 한 명도 없었다. 저녁형 인간은 없다. 자신이 자신을 저녁형 인간으로 만들었을 뿐.

설령 저녁형 인간이라 할지라도 아침형 인간으로 자신을 변화시켜야 한다. 수업이 낮에 진행되기 때문이고 학교 시험 등 모든 시험이 낮에 치러지기 때문이며 중요한 업무 처리가 낮에 이루어지기 때문이다. 매일 정해진 시간에 식욕이 생기는 것처럼 매일 정해진 시간에 졸음이 오고 잠이 오게 되어 있다. 수업받는 시간, 시험 치르는 시간과 일하는 시간이 낮인데 그 시간에 졸음이 오면 어떻게 좋은 결과를 만들 수 있겠는가? 뇌의 활동이 활발한 시간에 공부하고 시험을 치르고 일하는 것이 현명함이다. 밤에는 자고 낮에는 활동할 수 있도록 습관을 들여야 하는 책임은 자신에게 있다.

04

의문과 질문을 즐겨라

의문 품기는 지식 습득의 출발점이고 발전의 디딤돌이다

조선 후기 실학자 홍대용은 『여매헌서』에서 "처음 공부할 때에 의문을 품지 못하는 것은 사람들의 공통된 병통이다"라고 말하였다. 의문 품기를 즐겨 해야 공부를 잘할 수 있다는 이야기다. 배가 고파야 밥이 맛있다. 배고플 때 먹는 밥이 건강에 도움이 되고 목마를 때 먹는 물이 행복을 가져다준다. 앎에 굶주려야 앎에 다다를 수 있고 의문을 품어야 지식을 빨아들일 수 있다.

당연하다고 여겨지는 것들에 의문을 품어야 한다고 했다. 단어 숙어 하나에도 의문을 품어야 하고 사진과 그림 한 장에도 '무슨 의미일까?'라며 질문을 던져야 한다. 왜 VIP라고 하는지? 'V'는 무엇의 약자고 'I'는 무엇의 약자이며 'P'는 무엇의 약자인지 스스로에게 질문을 던져야 한다. 왜 분수라고 하는지? '분'은 한자로 '무슨 분'인지? 왜 진분수라 하고 왜 가분수라 하며 왜 대분수라 하는지 질문을 던지고 사전을 펼쳐야 한다. 한자로 쓸 줄은 몰라도 되지만 의미가 무엇인지는 알아내려 노력해야 한다. 필요한 물건이 없을 때 그와 비슷한 것으로 대체하는 일을 왜 '꿩 대신 닭'이라고 하는지 자신에게 질문을 던져야 하고 답도 스스로 찾아내야 한다. 사전, 참고서적, 인터넷 등에서 답을 찾아낼 수 있고 스스로 생각하여 답을 찾아낼 수도 있다. 혼자서 해결할 수도 있고 친구와 함께 해결할 수도 있다. 공부의 또 다른 말은 학문이다. '배울 학(學)' '물을 문(問)'으로 배우고 질문하는 일이다. 의문 품고 질문 잘하는 것이 공부 잘하는 비결이다.

의문을 만들려 노력하고
의문을 해결하려 씨름하라

배우기에 힘쓰기보다 의문 품기에 힘써야 한다. 누가 가르쳐주기를 기다리지 말고 먼저 '왜?'라며 의문을 품어야 한다. 누가 가르쳐주려고 하면 "잠깐만요. 가르쳐주지 마세요. 제가 생각해볼게요"라고 말한 후, 해결을 위해 고민해야 한다. 고민하고 씨름하는 일은 시간 낭비가 아니라 앎을 만들어가기 위한 필요하고도 중요한 과정이다. 문제를 해결하든 해결하지 못하든 그 문제에 대해서 10분 이상 고민하고 이렇게 저렇게 생각해보는 일은 그 자체가 실력을 향상시키는 과정이 된다.

의문 품는 일은 깨달음을 얻기 위한 출발점이다. 의문을 만들 때나 의문을 해결할 때의 집중력은 그 어느 때보다 뛰어나다. 의문을 가지면 호기심과 흥미가 생기고 의문을 가진 후 알게 된 것들은 오래 기억할 수 있다. 의문을 품고 해결하는 과정이 반복되면서 실력이 쌓이게 된다. 그렇기 때문에 스스로에게든 친구에게든 선생님에게든, 지나가는 아주머니 아저씨에게든 질문을 던져야 한다. 질문이 없으면 발전은 없다. 의문을 품지 않는다는 것은 알려는 의지가 없다는 이야기와 다르지 않다.

선생님은 질문하는
제자를 예뻐 한다

학생들의 착각 중 하나는 선생님은 질문하는 제자를 귀찮게 여긴다는 생각이다. 결코 그렇지 않다. 오히려 질문하는 제자를 더 예뻐 한다. 부모님이 자식에게 맛있는 음식을 주는 일을 기쁨으로 여기는 것처럼 선생님은 학생에게 지식을 전해주는 일을 기쁨으로 여긴다. 질문을 망설일 필요가 없는 이유다.

부모님과 관계가 좋아야 하고 친구들과 관계가 좋아야 할 뿐 아니라 선생님과도 관계가 좋아야 한다. 선생님에게 자연스럽게 다가가는 것이 좋은데 가장 좋은 방법은 질문이다. 질문을 통해 선생님과 가까워질 수 있고 그러면 선생님을 실망시키지 않기 위해서도 더 열심히 공부하게 된다. 무엇을 어떻게 질문할지 모르겠다면서 망설이는 학생이 있는데 망설이지 말고 무조건 질문해야 한다. 질문하다 보면 질문하는 요령도 스스로 터득할 수 있게 된다. 일단 시작이 중요하다.

질문거리를 고민하는 시간도 공부하는 시간이고, 질문하는 시간도 공부하는 시간이며, 질문에 대한 답을 듣는 시간도 공부하는 시간이다. 질문을 준비하는 시간부터 질문에 답을 듣는 시간까지 단 1초도 잡념이 생기지 않고 몰입할 수 있기 때문이다. 질문이 실력 향상에 큰 역할을 하는 이유다. 생각해보지도 않고 질문해서는 안 된다. 그리고 질문에 대한 답을 들은 후에는 반드시 복습해야 한다.

05

친구에게 배우고
친구를 가르쳐라

가르칠 때는
정신이 집중된다

다른 일과 마찬가지로 공부에서도 집중력이 결과를 좌우한다. 그런데 20분 집중하기도 쉽지 않다. 집중된 상태를 60분 이상 지속시키는 경우가 있는데 누군가를 가르칠 때와 가르치려 준비할 때다. 잘 가르치고 싶은 욕심, 잘못 가르쳐서는 안 된다는 강박이 집중력을 가져다준다. 가르치는 일을 즐겨 해야 하는 이유다.

가르치는 일은 교사만 할 수 있는 일이 아니다. 지식이 많은 사람만 가르칠 수 있는 것도 아니고 나이 많은 사람만 가르칠 수 있는 것 또한 아니다. 누구라도 가르칠 능력을 충분히 지니고 있다.

가르치는 일은 부족함을 보완하고
실력을 단단하게 만든다

"너 자신을 알라"는 소크라테스의 말을 해석하면 '너 자신이 모른다는 사실을 너 자신이 알아야 한다'가 된다. 모른다는 것에 대한 확인이 앎의 출발점이다. 모른다는 사실을 인정해야 알고 싶다는 마음이 생기고 그래야 알아내기 위해 노력할 수 있다. 친구를 가르치는 과정에서 부족함을 발견하게 되고 그래서 다시 연구하여 정확히 알게 된다. 친구를 돕겠다는 착한 마음이 자신을 돕는 결과를 만든다.

반복해야 완벽한 자신의 지식이 된다. 혼자 반복할 수도 있지만 친구를 가르치면서 반복할 수도 있다. 친구를 가르치는 일을 반복학습이라 생각하면 좋고, 지식을 단단하게 만드는 과정이라 생각해도 좋다. 친구를 가르치는 일은 친구를 위한 봉사이기도 하지만 자신의 실력을 향상시키는 과정이기도 하다.

친구에게는 자세하게 물을 수 있고
함께 탐구할 수 있다

아무리 친절해도 선생님은 어려운 존재다. 선생님께서 설명해주신 후 알겠느냐고 물으면 알지 못하면서도 알았다고 대답해버리는 것도 선생님이 어려운 존재이기 때문이다. 추가 질문이 필요한 상황에서도 어벌쩡 넘어간다. 알 것 같다는 착각 때문이기도 하고 주눅이 들었기 때문이기도 하며 미안함 때문이기도 하지만 진짜 이유는 어려운 존재이기 때문이다.

친구에게는 다르다. 아주 사소한 것까지 따져 물을 수 있고 조금이라도 모르면 모르겠다면서 더 자세히 설명해달라고 부탁할 수도 있다. 자신의 생각을 거침없이 이야기할 수 있고 친구의 부족함을 지적할 수도 있다. 완벽한 토론 학습이 되고 진짜 공부가 되는 친구와 함께 공부할 때는 이렇게 저렇게 생각을 많이 하게 되고 그런 과정에서 완벽한 지식을 만들어갈 수 있다.

06

반드시 예습하라

예습하면 호기심이 생겨서
수업에 집중할 수 있다

인간에게 행복을 만들어주는 일 중 하나는 여행이다. 열심히 일하는 이유가 여행하기 위해서라고 말하는 사람도 많다. 즐거운 여행이 되려면 여행지에 관한 지리, 역사, 문화 등에 대한 정보를 미리 수집해야 한다. 여행지에 대해 어느 정도 알게 되면 더 재미있는 여행이 가능하기 때문이다. '아는 만큼 보인다', '알아야 재미있고 행복하다'는 말은 부정할 수 없는 진리다.

예습은 어렵다. 알아야 재미있는 법인데 알지 못하니 재미가 없다. 그래도 예습해야 한다. 큰 기쁨을 위해 작은 땀방

울을 즐거운 마음으로 흘려야 한다. 무슨 말인지 이해되지 않고 어렵게 느껴질지라도 읽어야 한다. "자세히 보아야 예쁘다. 오래 보아야 사랑스럽다"라는 어느 시인의 말을 "자세히 보아야 이해된다. 오래 보아야 재미있어진다"로 바꿀 수 있어야 한다. 자세히 보고 오래 보게 되면 보이기 시작하고 재미있어지기 시작한다.

예습은 호기심을 일으켜서 수업에 집중하도록 만든다. 할머니 할아버지들이 컴퓨터게임을 재미없어 하는 이유는 모르기 때문이다. 아이들이 뉴스를 재미없어 하고 즐겨 보지 않는 이유 역시 모르기 때문이다. 뭔가 조금이라도 알아야, 모른다는 사실이라도 알아야 호기심과 흥미가 일어나고 알고 싶은 욕구가 생겨서 수업에 적극적으로 참여할 수 있게 된다. 아는 것이 없어서 재미를 느끼지 못하는 것이고 그래서 수업시간에 집중하지 못하는 것이다. 예습은 수업시간에 재미있게 공부하기 위해서 하는 것이다.

영화관에 가면 등장인물에 대한 소개와 전반부에 펼쳐지는 내용을 간단히 적은 홍보지를 만날 수 있다. 보통은 잠깐 기다리면서 홍보지의 내용을 본 다음에 영화를 보게 되는데 가끔 홍보지를 보지 않고 영화를 볼 때가 있다. 내 경우에는 그때마다 엄청 후회하는데 영화에 대한 이해도가 떨어지기 때문이다. 1분만 투자했어도 더 몰입해서 재미있게 영화를 볼 수 있었다는 생각 때문이다. 1분을 투자하면 120 분을 행복할 수 있다는 사실이 신기하지 않은가? 예습한 만큼 수업에 집중할 수 있다. 예습을 해야 하는 이유다.

예습은 모른다는 것과 공부할 내용을 확인하는 일이다

예습은 어렵다. 하지만 처음은 어렵다는 사실과 처음의 어려움을 이겨내기만 하면 오래지 않아 웃을 수 있다는 사실을 안다면 편안한 마음으로 예습에 임할 수 있다. 하나를 투자하여 열 개 이상을 얻는데 하지 않을 이유가 없지 아니한가? 공부에서도 요점을 파악하는 일이 중요한데 예습을 하면 선생님의 설명을 잘 이해할 수 있고 요점도 쉽게 정리할 수 있다.

생각을 바꾸기만 하면 예습이 어려운 것만도 아니다. 확실하게 아는 것이 예습인 게 아니라 모른다는 것을 확인하고 공부할 내용이 무엇인가를 아는 것만으로 예습했다고 할 수 있기 때문이다. 영화 보기 전 1분 동안 홍보지를 보는 것이 예습이다. 수업시간에 호기심을 가지고 몰입하기 위해 하는 것이 예습이다. 큰 제목, 중간 제목, 작은 제목을 읽고 무슨 내용일까 생각해보는 것이 예습이고, 도표와 그림과 사진을 보고 '이게 무엇이지?'라고 생각해보는 것이 예습이다. '왜 이렇게 되었을까?' '선생님은 뭐라고 설명하실까?'라고 의문 품는 것이 예습이다. 수업시간에 배울 내용이 무엇인지만 알아도 수업에 집중할 수 있고 쉽게 이해할 수 있다.

07

반드시 복습하라

인간은
망각의 동물이다

완벽하게 암기하였다고 생각한 것도 시간이 지나면 기억에서 사라진다. 그런데 공부는 암기다. 창의력이 중요하고 사고력과 판단력도 중요하지만 시험공부에 가장 필요한 것은 암기력이다. 의사가 되기 위해 가장 필요한 능력도 암기력이고 판검사가 되기 위해 가장 필요한 능력도 암기력이다. 암기하기 위해 가장 좋은 방법은 반복이다. 곧바로 반복하는 것이 좋고 다음 날에 또 반복하는 것이 좋다. 한 단락을 읽은 후 반복하는 것이 좋고 또 반복하는 것이 좋다.

기억과 망각에 대해 연구한 에빙하우스는 학습 직후부터

망각이 급속도록 일어나며 20분 이내에 41.8퍼센트가 망각된다고 하였다. 개인차가 있겠지만 평균적으로 1시간이 지나면 55.8퍼센트가, 하루 지나면 66.3퍼센트가, 한 달이 지나면 80퍼센트가 망각된다고 했다. 암기하겠다는 의지가 없는 상태에서는 학습 직후에도 머릿속에 남은 내용이 조금도 없다.

반복하지 않으면
실력을 쌓을 수 없다

오래 기억하고 싶다면 반복해야 한다. 여행을 마치고 집에 돌아온 뒤 아무 일도 하지 않는다면 시간이 얼마 지나지 않아 대부분 기억에서 사라지고 만다. 하지만 여행을 마치고 집에 돌아와 기록하고 정리해두거나 인터넷 검색으로 여행지를 돌아보게 되면 오랫동안 여행의 기억이 남게 된다. 반복의 힘이다. 반복해야 오랫동안 기억할 수 있다. 수업시간에 공부한 내용을 다시 한 번 이해하고 암기하는 노력이 있어야 실력자가 될 수 있다. 반복 외에 다른 방법은 없다.

쉬는 시간 3~4분의 복습은
나중 3~4시간의 복습보다 낫다

언제 반복하는 것이 좋을까? 학습 직후에 하는 것이 가장 좋고 늦어도 잠자기 전에 하는 것이 좋다. 쉬는 시간 3~4분이 좋다. 배운 직후 3~4분의 복습은 주말 1~2시간 복습과 효율이 같다. 쉬는 시간에 3~4분 복습하고 주말에는 신나게 노는 것이 현명한 일 아닌가? 반복이 지루한 일인 건 맞지만 반복의 열매는 엄청 달콤하다.

08

수업시간에 공부하라

수업시간을
지식과 정보 수집으로 만족하지 마라

수업시간에 공부하라. 뚱딴지같은 소리라며 반문하겠지만 수업시간에 공부하지 않는 학생들이 많아서 하는 말이다. 아이들이 수업시간에 공부하지 않고 뭐하느냐고? 30퍼센트의 아이들은 자거나 졸거나 멍 때린 채 앉아 있고, 50퍼센트의 아이들은 생각 없이 선생님 강의 구경하다가 필기하라 말하면 무슨 내용인지도 모른 채 베껴 쓰기만 한다. 이해할 생각, 머릿속에 저장할 생각은 하지 않고 노트나 책에 저장하는 것으로 공부를 마쳤다고 착각해버린다. 20퍼센트의 학생만 선생님 강의에 귀 기울이면서 공부다운 공부를 한다.

그런데 안타깝게도 그 20퍼센트가 15퍼센트로 변하고 있는 중이다.

받아쓰기를 공부라고
착각하지 마라

시험공부를 위해 책과 노트를 펼쳤는데 내용은 물론 어휘마저 생소하다. 자신이 쓴 글씨인 건 분명한데 쓴 기억이 없다. 황당하다. 헛공부를 한 것이다. 3년이 아니라 겨우 한두 달 지났을 뿐인데 조금도 기억나지 않는다. 그런데도 예쁘게 정리된 노트를 넘기면서 흐뭇해하고 교과서 여기저기 여백에 쓴 글씨를 보면서 미소 짓는다. 시험을 치를 때는 노트나 책을 펼칠 수 없다. 열 개를 노트에 적는 것보다 하나라도 머리에 적는 것이 현명한 이유다. 자신의 머릿속에 들어 있는 지식만 실력이다. 노트나 책에 적는 일은 공부가 아니다.

필기하는 것에 만족하지 말고
머리에 저장하라

선생님의 강의는 듣지 않고 노트 필기만 열심히 한다. 선생님 강의 내용이 뇌에 전달되지 않고 자신이 쓰고 있는 내용 또한 뇌에 조금도 저장되지 않는다. 선생님은 A를 설명하고 있는데 학생은 설명이 끝난 B를 필기한다. A도 놓치고 B도 놓친다. 두 마리 토끼를 잡으려다 한 마리도 못 잡는 꼴이다. 노트에 필기한 내용이 남았다고? 그건 교과서나 참고서에 다 나와 있는 내용 아닌가? 헛공부를 한 것이다. 머릿속에 저장하지 못하였다면 공부했다고 할 수 없다.

수업시간에 이해하고
수업시간에 암기하라

수업시간에 선생님과 호흡을 함께해야 한다. 교과목에 관한 내용은 물론이고 농담까지 함께하는 것이 좋다. 이해할 것은 이해해야 하고 암기할 것은 암기해야 한다. 이해가 안 된다고 머뭇거리는 동안 선생님은 새로운 내용을 설명한다.

두 가지가 섞이면 한 가지도 얻을 수 없다. 처음부터 끝까지 선생님과 호흡을 함께해야 한다. 쉽지 않다. 그렇기 때문에 예습해야 한다. 예습으로 선생님과 호흡을 함께할 수 있도록 해야 한다. 그리고 복습으로 부족함을 보충하면서 자기 것으로 만들어야 한다.

적극적으로 질문하고 적극적으로 대답하라

공부의 적은 잠과 잡념인데 이기는 방법은 몰입이다. 그리고 몰입을 위해 필요한 것은 적극적인 질문과 적극적인 대답이다. 질문할 때나 대답할 때 잠이 오거나 잡념이 생기는 경우는 없다. 질문하기 위해 생각하게 되고 대답하기 위해 생각하게 된다. 질문하기 위해서도 예습이 필요하고 선생님의 질문에 대답하기 위해서도 예습이 필요하다. 예습으로 수업에 몰입할 수 있도록 해야 한다. 공부 시간 중 가장 많은 시간은 수업시간이다.

질문이 중요하다. 의문을 품고 질문하고 답을 생각해가면서 성장해간다. 일방적으로 배운 것은 잊어버리기 쉽지만 질문을 통해 알아낸 것은 오랫동안 잊히지 않는다. 의문을 품고 질문하고 질문에 대한 답을 알아가는 과정에서는 생각을 많이 하기 때문에 창의력 또한 키울 수 있다. 그리고 그 창의력은 대학생활에서 그리고 대학을 졸업한 이후 삶의 현장에서 빛을 발하게 된다.

09

설명해줄 수 있는
것만 아는 것이다

아는 것 같은 것을 안다고
착각하지 마라

내비게이션 없이는 목적지를 찾아갈 수 없다면 길을 모른다고 해야 옳다. 노랫말을 보지 않고는 노래할 수 없다면 노래를 안다고 이야기하지 말아야 한다. 누군가의 부축 없이 걸을 수 없다면 걸을 수 있는 것이 아니다. 그런데 책이나 자료를 보지 않고는 설명하지 못하면서 안다고 이야기하는 학생들이 많다. 착각인 줄 모른다. 누군가에게 설명해줄 수 없다면 아는 것이 아님을 인정하지 않는다. 인간은 너나없이 착각을 잘하는데 아는 것 같은 것을 안다고 착각하는 것도 그중 하나다. 보지 않고 설명할 수 있어야 진짜로 아는 것이다.

아는 것과 모르는 것을
확실하게 구분하라

너무 재미있는 강의였기에 정말 열심히 귀 기울여 들었다. 그런데 다음 날 학생들에게 1분도 설명해줄 수 없었다. 영화를 보면서 배우들의 대사에 감탄했고 집에 돌아와 가족에게 그 대사를 전달해주고 싶었는데 조금도 생각나지 않았다. 설명해줄 수 있을 거라 생각했는데 설명해줄 수 없는 경우가 너무 많다.

아는 것 같은 것은 아는 것이 아니다. 책을 보지 않고 백지 위에 내용을 쓸 수 있을 때만 안다고 이야기할 수 있고, 친구에게 이해되도록 설명해줄 수 있을 때만 안다고 말할 수 있다. 아는 것과 모르는 것을 확실히 구분할 수 있어야 하고 그러기 위해서는 수시로 셀프 테스트를 해보아야 한다. 모른다는 사실을 알아야 알기 위한 노력도 할 수 있다.

10

스마트폰, 컴퓨터게임과
과감하게 이별하라

스마트폰과 컴퓨터게임은
시간을 빼앗는 훼방꾼이다

공부를 잘하고 싶다면 공부에 시간을 많이 투자해야 한다. 그런데 시간 투자에 인색한 학생들이 많다. 공부해야 한다고 생각하면서 스마트폰을 만지고 컴퓨터게임을 포기하지 않는다. '한 번만'을 중얼거리고 '한 시간만'이라 다짐하지만 한 번이 두세 번 되는 게 다반사고 한 시간이 두세 시간이 되는 게 일반적이다. 시작하기는 쉽지만 멈추기는 어렵다. 공부 시간을 확보하는 방법은 의외로 간단하다. 시간 갉아먹는 일을 시작하지 않으면 된다.

일찍 자고 일찍 일어나야 한다. 그런데 스마트폰, 컴퓨터게임 등의 훼방꾼이 가로막는다. 스마트폰과 컴퓨터게임과 과감하게 이별해야 한다. 스마트폰을 해지해야 하고 컴퓨터를 공부방에서 추방해야 한다. 얻는 것보다 잃는 것이 훨씬 많다면 미련 없이 이별해야 한다. 스마트폰 해지가 어렵다면 끄고 있다가 필요할 때만 켜야 한다. 기상 알람 때문에 안 된다고? 스마트폰 알람으로 일어나려 하지 말고 자명종을 사용하면 된다.

과감과 냉정은
발전의 필요조건이다

냉정하게 따져보아야 한다. 이익과 손해를. 스마트폰 없이는 정말 생활하기 어려운 것인가도 생각해보아야 한다. 스마트폰이 편리와 즐거움을 주는 물건인 건 확실하지만 공부할 시간, 독서할 시간, 생각할 시간, 운동할 시간, 우정 만들 시간을 갉아먹는 벌레인 것도 분명하다.

인간은 따라 하기를 좋아하고 어린 나이에는 더더욱 그렇다. 남들이 PC방에 가니 자신도 PC방에 가야 한다고 생각하고 남들이 아이스크림을 먹으니 자기도 아이스크림을 먹어야 한다고 생각한다. 하지만 남과 같이 해서는 남 이상이 될 수 없다는 사실을 알아야 한다. 미련과 아쉬움을 과감하게 포기할 줄 알아야 하고, 하나를 포기하면 열 개를 얻을 수 있게 된다는 사실을 알아야 한다. 공부 잘하는 비법이 있다면 이것이 비법이다.

중요한 것은 과감과 냉정이다. 스마트폰과 컴퓨터게임이 자신의 삶을 망가뜨리는 무기라는 판단이 서면 머뭇거리지 말고 이별해야 한다. 며칠 동안 괴로울 수 있겠지만 2주 정도 이겨내면 괜찮아진다. 그러면 승리자가 된다.

때로는 하기 싫은 일도 해야 하고 때로는 하고 싶은 일도 참아야 하는 게 인생이다. 하고 싶은 일 하나를 하기 위해서는 하기 싫은 일 아홉을 해야 하는 게 우리의 삶이다. 대통령일지라도 좋아하는 일, 하고 싶은 일만 하면서 살 수는 없다. 훗날 좋아하는 일을 하기 위해서는 지금 좋아하는 일이나 하고 싶은 일을 참아야 한다.

새로운 그 무엇을 얻으려면 지금까지 함께해온 그 무엇과 반드시 이별해야 한다. 버릴 것은 미련 없이 버려야 한다. "새는 알을 깨고 나온다. 알은 세계다. 태어나려는 자는 한 세계를 파괴해야만 한다"라는 말을 되새김질할 수 있어야 한다.

스마트폰, 컴퓨터게임은
휴식이 아닌 에너지 낭비다

휴식이라 변명하고 에너지 충전이라고 합리화한다. 컴퓨터게임을 하는 시간에는 잠시도 한눈팔 수 없고 조금도 방심할 수 없다. 옆에 있는 사람이 쓰러져도 모를 만큼 몰입된 상태다. 몰입은 엄청난 피로를 가져다준다. 게임을 끝낸 뒤에도 잔상 때문에 제대로 공부하기 어렵다. 컴퓨터게임은 휴식이 아니라 에너지의 과다 사용이다. 컴퓨터게임을 한 후에 열심히 공부하겠다는 것은 3시간 마라톤을 한 다음에 열심히 공부하겠다면서 책상 앞에 앉는 것과 같다.

두 마리 토끼를
잡을 수는 없다

두 마리 토끼를 쫓는 이유는 두 마리 토끼를 다 잡겠다는 욕심 때문이다. 하지만 한 번에 두 마리를 잡기는 불가능하다. 불가능할 뿐 아니라 한 마리도 잡지 못하는 경우가 일반적이다. 한 마리만 쫓았다면 한 마리는 잡을 수 있었을

터인데 괜한 욕심이 한 마리도 잡지 못하게 만든 것이다. 공부도 잘하고 컴퓨터게임도 잘하겠다는 것은 바보들의 욕심일 뿐이다.

변화 없이는 발전도 없다

발전은 고통을 수반한다. 성장하기 위해서는 아파야 한다. 지금까지와는 다른 새로운 자신을 원한다면 새롭게 생각해야 하고 새롭게 행동해야 한다. 지금까지의 생활 방식을 버려야 하고 마음가짐을 바꿔야 하며 남들이 하는 행동을 따라 하지 말아야 한다. 수동적 태도를 능동적 태도로 바꿔야 하고, 고독을 친구 삼을 수 있어야 한다. 변화 없이는 발전도 없기 때문이다.

성적을 올리는 데 쉬운 방법은 없다. 지름길도 있고 쉬운 방법도 있다는 유혹에 '혹시나' 하면서 현혹되지 말아야 한다. 가장 먼저 할 일은 스마트폰을 해지하는 일이고 컴퓨터게임을 쫓아내는 일이다.

11

국어사전을
수시로 펼쳐라

국어사전은
만능열쇠다

영어 단어와 숙어를 열심히 암기한다. 토익 점수를 위해 엄청난 시간과 에너지를 쏟아붓기도 한다. 그런데 이상하지 않은가? 영어 단어 숙어의 중요성은 알면서 우리말 단어 숙어의 중요성은 알지 못한다는 사실이.

어휘력은 어떤 공부에서나 중요한 바탕이다. 국어, 사회, 과학을 잘하기 위해서뿐 아니라 영어, 수학을 잘하기 위해서도 우리말 어휘력이 좋아야 한다. 학습 능력이 떨어지는 학생의 특징은 어휘력이 부족하고 용어의 개념을 알지 못한다는 것이다. 그렇기 때문에 국어사전은 공부의 만능열

쇠가 된다. 학생이 알아야 할 지식의 상당 부분은 국어사전에 있다. 국어사전을 친구 삼아야 하는 이유다.

어휘를 알아야 이해가 쉽고 이해되면 암기도 오래간다

"노의실홀단렁말이낭철호정넌멍서희종군절혼." 20자이지만 암기도 어렵고 설령 암기했다 하더라도 1시간 후에 기억해내기 어렵다. 이해되지 않았기 때문이고 의미를 알 수 없기 때문이다. 그런데 "대한민국은 민주공화국이다. 대한민국의 주권은 국민에게 있고 모든 권력은 국민으로부터 나온다." 40자임에도 암기가 어렵지 않고 시간이 지나도 기억에서 사라지지 않는다. 의미를 이해하였기 때문이다.

단어 숙어의 뜻을 모른 채 글을 읽으면 읽어도 읽은 게 아니다. 글자를 읽었다고 해서 글을 읽었다고 할 수는 없으니까. 유치원생이 박사논문을 읽는다 해서 감탄할 일이 아닌 것과 같다. 글의 의미를 알기 위해서도 먼저 단어의 뜻을 정확히 알아야 한다. 어휘의 의미를 정확히 알면 공부도 즐거운 작업이 되고 공부한 내용을 뇌에 오래 간직할 수 있게 된다.

한자사전은
이해와 암기의 도우미다

줄임말이 유행이다. 내로남불, 멘붕, 엄친아, 이대남, 카공족, 소확행, 아나바다 등등. 사람들이 줄임말을 즐겨 사용하는 이유는 의사소통을 빠르게 할 수 있기 때문이다. 줄임말의 의미를 알려면 한 글자 한 글자의 뜻을 알아야 한다. '로'가 '로맨스', '불'이 '불륜'이라는 사실을 알아야 '내로남불'의 의미를 제대로 알 수 있다. '멘'이 '멘탈', '붕'이 '붕괴'라는 사실을 알아야 '멘붕'의 정확한 의미를 이해할 수 있고 오랫동안 기억할 수 있다. 한 글자 한 글자의 뜻을 알아야 제대로 알았다고 할 수 있는 것이다.

한자어를 사용하는 이유 역시 음절의 숫자를 적게 하여 의사소통을 짧고 빠르게 하기 위해서다. '입천장에서 나오는 소리'라는 10음절을 '구개음(口蓋音)'이라는 3음절로 표현할 수 있고, '품사가 정해지지 않은 말'이라는 10음절을 '부정사(不定詞)'라는 3음절로 표현할 수 있기 때문이다. '공적인 일 사적인 일로 많이 바쁘다'는 14음절을 '공사다망(公私多忙)'이라는 4음절로 표현할 수 있기 때문이고, '큰 나라는 섬기고 이웃 나라와는 잘 사귄다'라는 17음절을 '사대교린(事大交隣)'이라는 4음절로 나타낼 수 있기 때문이다.

교과서에 나오는 어휘의 대부분은 한자어다. 줄임말의 원래 의미를 알아야 단어의 의미, 문장의 의미, 글의 의미를 알 수 있는 것처럼 한자어 한 글자 한 글자의 의미를 알아야 그 말의 의미를 제대로 이해할 수 있다. '독'이 '홀로 독(獨)'이고 '과'가 '적을 과(寡)'이며 '점'이 '차지할 점(占)'임을 알아야 독과점의 의미를 정확히 이해할 수 있고, '지'가 '지킬 위(衛)', '정'이 '바를 정(正)', '척'이 '물리칠 척(斥)', '사'가 '사악할 사(邪)'임을 알아야 위정척사의 의미를 제대로 알 수 있다.

더디 가는 것이 빨리 가는 것일 수 있다. 어설프게 열 개를 아는 것보다 하나라도 정확히 아는 게 낫다. 국어사전은 기본이고 한자사전 또한 기본이다. 한자는 쓸 줄 몰라도 괜찮고 읽을 줄 몰라도 괜찮지만 '여러 공' '개인 사' '많을 다' '바쁠 망'이라는 사실을 알아야 한다. 단어를 구성하는 한 글자 한 글자의 뜻을 알 수만 있다면 성적 향상은 시간 문제다.

한자는 구구단이다. 처음 암기할 때는 힘들지만 한 번 암기해놓으면 손오공의 여의봉처럼 이곳저곳에서 엄청 유용하게 활용할 수 있다. 여의봉이 무슨 뜻이냐고? '같을 여(如)' '뜻 의(意)' '막대기 봉(棒)'으로 자신의 뜻과 같게 만들어주는 막대기라는 뜻이다. 힘들지라도 한자를 공부해야 하는 이유고 한자사전을 펼쳐야 하는 이유다. 기억하는 가장 좋은 방법은 감동받는 것이라고 하였는데, 기억하는 또 하나의 방법은 정확히 이해하는 것이다.

12

생각하라, 생각하라,
그리고 또 생각하라

열심히 공부하지 말고
열심히 생각하라

학생들이 가장 많이 듣는 말은 '열심히 공부하라'일 것이다. 그런데 열심히 공부하는 것보다 중요한 일이 있으니 그것은 '열심히 생각하기'다. 열심히 공부하기보다 열심히 생각해야 한다. 열심히 생각하기를 통해서 사고력, 창의력, 문제해결력을 기를 수 있고 이것은 공부에서도 삶에서도 엄청 중요한 역할을 한다. 공부에서뿐 아니라 일상생활에서도 생각하는 연습을 많이 해야 생각하는 힘이 길러지고 생각하는 힘이 있어야 더 많은 깨달음을 얻고 더 현명한 판단을 할수 있게 된다.

생각하는 힘이 없으면 좋은 결과물을 만들 수 없고 기쁨을 만날 수도 없다. 늦었다고 생각하지 말고 지금부터라도 생각하면서 공부하는 습관을 들여야 한다. 만유인력을 어떻게 발견하였느냐는 질문에 뉴턴은 "내내 그 생각만 했다"라고 말했다. 아인슈타인 역시 상대성원리를 어떻게 발견하였느냐는 질문에 "몇 달이고 몇 년이고 생각하고 또 생각하였다"라고 답했다. 천재라서 발견한 것이 아니라 계속 생각하였기에 발견하였다는 이야기다.

대학수학능력시험은
사고력을 측정한다

대학수학능력시험은 사고력을 측정하는 시험이고 '사고력'은 '생각 사(思)' '생각할 고(考)' '힘 력(力)'으로 생각하는 힘이다. 사고력이 있어야 대학수학능력시험에서 좋은 점수를 얻을 수 있다. 대학수학능력시험이 사고력을 측정하는 시험임에도 학생들은 사고력 기르는 일을 중요하게 생각하지 않는다. 문제를 쉽고 빠르게 풀 수 있는 편법만 찾을 뿐 생각하기를 귀찮아 한다. 고기도 평소에 먹어본 사람이 잘

먹는다고 하였는데 생각하기도 마찬가지다. 평소에 많이 생각해본 사람이 시험장에서도 차분하게 생각을 잘할 수 있다.

여유를 가져야 한다. 사고력 향상은 여유에서 시작된다. 공부를 빨리해야 하고 많이 해야 한다는 생각은 마음을 급하게 만든다. 마음이 급한 상황에서는 내용을 제대로 생각할 수 없고 제대로 생각하지 않고서는 제대로 공부할 수 없다.

생각 없는 공부는
쉽게 사라진다

쉽게 얻은 것은 쉽게 사라지지만 어렵게 얻은 것은 오래 남는다. 도박이나 복권으로 돈을 많이 번 사람들이 부자가 되지 못한 이유도 쉽게 벌었기 때문이다. 남녀 간 사랑도 마찬가지여서 쉽게 만난 사랑은 쉽게 끝나고 어렵게 만난 사랑은 비교적 오래 지속된다. 쉽게 얻는 것을 좋아하지 말아야 하는 이유다.

선생님이 가르쳐준 영어 단어는 곧장 사라지지만 스스로 사전을 찾아 익힌 단어는 오래오래 머릿속에 남는다. 선생님에게 배울 때는 생각하지 않았기 때문이고 스스로 사전을 찾아 익힐 때는 생각하였기 때문이다. 생각하는 공부라야 한다. 진정한 공부는 생각하기에서 시작된다.

목마를 때 물을 건네준 사람은 오래 기억에 남지만 목마르지 않을 때 물을 건네준 사람은 기억에서 쉽게 사라진다. 앎에 목말라야 한다. 해답지나 해설지를 보지 말아야 한다. 해답지나 해설지를 보는 순간 생각하기는 멈춘다. 스스로 답을 찾든 친구와 대화를 통해 답을 찾든 해야 한다. 사람의 뇌는 강의를 들을 때보다 스스로 탐구하고 탐색하는 활동을 할 때 더 많이 활성화된다고 하였다.

생각하는 습관은
대학과 직장과 일상생활까지 이어진다

중·고등학교 공부도 중요하지만 대학에서의 공부가 더 중요하고 직장에서 업무 처리 능력이 훨씬 더 중요하다. 중·고등학교 공부를 잘하기 위해서, 대학 공부를 잘하기 위해서, 또 직장 업무를 잘하기 위해서도 생각하는 힘을 길러야 한다. 그 생각하는 힘을 기르는 일이 공부다. 『아직도 가야 할 길』이라는 책에 다음과 같은 이야기가 나온다. 필자인 스콧 펙 박사가 산책하다가 잔디 깎는 기계를 고치는 이웃을 보고 자기에게는 그런 능력이 없다고 말하자, 그 이웃은 "그것은 시간을 들여 해보려 하지 않았기 때문이에요"라고 말했다. 능력이 없었던 게 아니라 해보려는 의지가 없었기에 할 수 없다는 이웃의 이야기에 고개를 끄덕일 수 있어야 한다. 이렇게 저렇게 생각해보면 무슨 일이든 가능하다는 이야기를 진리로 받아들여야 한다.

삶의 승패는 생각하기에서 갈린다. 그 어떤 어려운 문제도 모든 생각을 동원하여 해결하려 노력하면 뇌가 열심히 활동하게 되고 그러면 기대 이상의 결과를 얻게 된다. 생각하는 능력은 공부하는 힘의 원천이 될 뿐 아니라 기쁨과 행복의 원천이 된다. 자신의 두뇌를 풀가동하기 위한 의도적인 노력을 시작하면서 몰입을 경험했고 이때부터 인생이 바뀌기 시작하였다는 누군가의 이야기를 깊이 음미해보아야 한다.

생각하는 능력은 문제를 해결했을 때만 발달하는 것이 아니라 생각하는 과정에서도 발달하기 때문에 문제 해결 여부와 관계없이 가치를 지닌다. 생각하는 일 자체를 중요하게 생각하여야 하는 이유다. 훌륭한 교사는 바로 가르쳐

주지 않고 생각할 시간, 고민할 시간을 준 다음에 가르쳐준
다고 한다.

13

교과서 중심으로
공부하라

시험문제는
교과서 중심으로 출제된다

'가까운 무당보다 먼 데 무당이 더 영험하다'는 속담이 있다. 가까운 곳에 있는 친숙한 것보다 멀리 있는 친숙하지 않은 것을 더 높게 평가하는 인간 심리에 대한 표현이다. 아닌 게 아니라 대부분 사람은 가까이에 있거나 흔한 것은 시시하게 여긴다.

교과서는 학교에서 교과 과정에 따라 주된 교재로 사용하기 위해 편찬한 책이다. 그래서 해당 분야에서 모범이 될만한 사실을 비유적으로 일컬을 때도 쓴다. 교과서 앞에 붙는 수식어가 '검정' 또는 '인정'인데 '검정'은 교육부가 검사하여 적합한 책으로 인정해주었다는 의미고 '인정' 또한 좋은 책으로 인정받았다는 의미다. 참고서나 문제집에 '검정'이나 '인정'을 붙이지 못하는 이유는 교육부의 심사를 받지 않았고 인정받지 않았기 때문이다.

교과서는 그 과목에서 뛰어난 역량을 가진 교수님들과 선생님들이 오랜 시간 연구하여 만든 책이다. 시험문제를 출제하는 선생님들이 기본으로 삼는 책이기도 하다. 학생들이 가장 중심에 놓고 공부해야 하는 책이다. 대학수학능력시험에서 좋은 성적을 거둔 수험생 대부분이 교과서를 중심으로 공부했다고 이야기하는 이유다. 학교시험이든 수능시험이든 좋은 성적을 원한다면 반드시 교과서 중심으로 공부해야 한다. 글의 내용은 물론 도표, 그림, 사진, 지도까지 빠뜨리지 말고 꼼꼼히 확인해볼 수 있어야 한다.

참고서는 참고로 보는 책이어야 한다

교과서는 교육 과정에 맞춰 충실하게 만든 책이고 참고서는 교과서 내용이 이해되지 않을 때 참고하라고 만든 책이다. 그래서 교과서를 중심으로 공부하다가 내용이 이해되지 않을 때, 배경이나 원리가 알고 싶을 때 참고서를 보는 것이 좋다. 만약 교과서를 공부하는 데 어려움이 없다면 참고서나 문제집은 굳이 보지 않아도 괜찮다. 교과서는 천천히 생각하면서 읽어야 한다. 그림이나 도표나 사진까지 꼼꼼히 살펴야 하고 형성 평가 문제도 스스로 해결해야 한다. 대충 부리나케 푼 다음에 확인하지 말고 깊이 생각하여 꼼꼼히 풀어본 다음 확인해야 한다.

문제집 중심의
공부는 위험하다

　문제집 중심으로 공부하는 아이들이 있다. 공부하는 목적이 문제를 잘 풀기 위함이라면서. 하지만 아니다. 교과서 내용이나 개념에 대한 철저한 이해나 분석 없이 문제 풀이만 하면 부족한 부분은 계속 남고 해결되지 않는다. 참고서나 문제집을 공부하는 게 잘못이라는 이야기가 아니라 교과서를 완벽하게 공부하는 게 더 우선이고 중요하다는 이야기다. 문제를 많이 풀면 공부를 많이 한 것 같은 느낌은

들지만 실력 향상은 온전히 이루어지지 않는다. 문제를 푼 다음에는 반드시 오답 정리를 하여 자신의 부족함을 보충할 수 있어야 한다. 틀린 문제는 물론이고 찍어서 맞춘 문제까지 완벽하게 정리하여야 한다.

참고서와 문제집에는 교육 과정 밖의 내용까지 있다

공부할 시간은 한정되어 있다. 이것저것 몽땅 공부하고 싶을지라도 지금 필요한 공부만 해야 하는 이유다. 공부하지 않아도 되는 것까지 공부하려다 반드시 공부해야 하는 내용을 놓쳐서는 안 된다. 교과서의 내용은 모두 알아야 하지만 참고서나 문제집의 내용은 모두 알아야 하는 게 아니다. 암기할 필요가 없는 것을 암기하느라 정작 암기해야 하는 것을 못해서는 안 된다. 공부할 필요가 없는 것을 공부하느라 진짜 공부해야 할 것을 못하는 것은 어리석음이다.

14

고독을 즐겨라

사고력, 집중력, 창의력은
혼자 있는 시간에 형성된다

"가을에는 호올로 있게 하소서 / 나의 영혼 / 굽이치는 바다와 / 백합의 골짜기를 지나 / 마른 나뭇가지 위에 다다른 까마귀같이." 김현승의 시 「가을의 기도」 일부다. 홀로 있고 싶다는 시적 화자의 소망에 나이를 먹을수록 고개가 끄덕여진다.

고독은 외로움과 다르다. 외로움이 다른 사람과 함께하고 싶지만 함께하지 못하는 고립된 상태라면 고독은 스스로 좋아서 선택한 홀로 있음이고 고요함이다. 뛰어난 업적을 이루어낸 사람들이 고독을 중요하게 여기고 고독을 즐겼던 이유는 고독이 자신을 성숙시킨다는 사실을 알고 있었기 때문이다. 공부에 필요한 사고력, 집중력, 창의력 역시 혼자 있는 시간에 보다 더 크게 키울 수 있다. "수고가 많지 않은 자에게 인생은 혜택을 베풀지 않는다"라는 말을 "고독의 시간을 갖지 않은 자에게 인생은 혜택을 베풀지 않는다"라고 바꾸면 어떨까? 남에게 물어서 문제를 해결하려는 사람은 자신의 능력을 죽이는 결과를 만들 뿐이라고 하였다.

혼자 있을 때 깊이 생각할 수 있고 여유도 가질 수 있다

누군가와 함께하게 되면 불편한 경우가 많고 불편한 상태에서는 깊게 생각하기 어렵다. 여유를 가질 수 없고 뭔가를 해낼 수도 없다. 하지만 혼자 있는 시간에는 정신을 집중할 수 있어 놀라운 성과를 만들어낸다. 공부뿐 아니라 어떤 일에서도 인생을 자신의 뜻대로 이끌어갈 수 있는 힘은 혼자 있는 시간에 키워진다. 공부는 책과 나와의 만남이다. 나와 책이 만나는데 누가 끼어들면 그 만남이 제대로 될 리 없다. 나와 책만 있어야 책과 내가 온전히 만날 수 있다. 혼자 있는 시간을 많이 만들어야 공부를 잘할 수 있는 이유다.

집보다 도서관이 공부하기 좋은 장소다. 오고 가는 시간이 아깝다고 이야기하는 사람이 있는데 그것은 변명인 경우가 대부분이다. 집에서는 허비하는 시간이 많기 때문이고 같은 시간 공부했다 하더라도 집중력에 차이가 크기 때문이다. 어제까지는 딴짓 많이 하고 집중하지도 않았지만 오늘부터는 할 수 있다고 속삭이는 자신에게 속아서는 안 된다. 공부해야겠다고 마음먹었다면 자율학습실이나 도서관으로 가야 한다. 휴일에도 등교시간에 맞춰 가방 짊어메고 도서관으로 가야 한다. 가까운 도서관보다 멀리 떨어진 도서관이 더 좋을 수 있다. 아는 친구가 없어 낭비되는 시간이 없기 때문이다. 멀리까지 왔는데 많이 공부하지 않으면 손해라는 생각으로 더 오래 머무를 수 있기 때문이기도 하다.

혼자 있으면 역량에 맞게
시간과 방법을 조절할 수 있다

어떤 교수가 앙코르 유적지를 갔는데 자기는 천천히 구경하고 싶었지만 일행이 서두르는 바람에 어쩔 수 없이 대충대충 구경할 수밖에 없었단다. 천천히 자세히 감상하고 싶은 욕심을 버릴 수 없었기에 인천공항에 도착한 후 집에 들르지도 않고 다시 캄보디아로 갔고 혼자서 마음껏 천천히 여행을 즐겼단다. 혼자 있을 때만 시간과 방법을 조절하면서 하고 싶은 일을 마음껏 할 수 있다. 혼자 있는 시간에만 제대로 공부할 수 있고 효율도 높일 수 있다.

15

부모님, 선생님, 친구와
좋은 관계를 유지하라

갈등과 미움은 괴로움을 만들고
괴로움은 뇌 활동을 방해한다

마음이 편안해야 일을 순조롭게 진행할 수 있고 효율도 높일 수 있다. 정신노동에서는 더더욱 그렇다. 공부도 예외가 아니다. 그래서 공부할 때는 마음이 편안해야 하고 즐거워야 한다. 콧노래를 부를 수 있는 마음 상태라야 공부 효율도 높다.

마음이 불편하고 누군가를 미워할 때는 뇌를 활성화시킬 수 없다. 갈등하고 있는 상태에서도 공부에 집중할 수 없다. 아무 일 없던 것처럼 공부에 몰입하기는 불가능에 가깝다. 갈등을 느끼고 누군가를 미워한다면 공부하기 싫은 것이라고 해석해도 지나치지 않다. 마음의 평화가 공부의 필요조건이기 때문이다.

말을
조심해야 한다

'혀 아래 도끼 들었다'라는 속담이 있다. 말을 잘못하면 누군가에게 상처를 줄 수 있으니 항상 말조심하라는 이야기다. 속상하고 화난다는 이유로 누구를 욕하면 그 순간부터 불안에 빠지게 된다. 그 말이 실제로 그 사람에게 전해지고 그래서 갈등이 생긴다면 한동안 제대로 공부할 수 없게 된다. 전해지지 않을지라도 혹시 자신이 한 말이 그 사람에게 전해지면 어떡하지 하는 불안감이 공부를 방해할 수 있다. 공부를 잘하고 싶다면 남을 욕하거나 뒷담화해서는 안 된다.

누군가를 욕하고 비난하는 일은 갈등과 다툼의 불씨를 만드는 어리석은 짓이다. 고통받지 않기 위해서, 또 인격을 떨어뜨리지 않기 위해서 갈등을 피해야 하지만 공부에 방해받지 않기 위해서도 갈등을 피해야 한다. 농담도 함부로

하지 말아야 한다. '웃자고 한 말에 초상난다'나 '죽마고우도 말 한마디로 갈라선다'라는 속담을 마음에 새겨야 한다. 말은 적게 하는 게 좋고 말을 해야 할 때는 깊이 생각한 후에 하는 게 좋다. 누군가를 험담하면 불안 초조 긴장의 노예가 되기 때문이다.

가까운 사람에게도
예의를 갖추어야 한다

가까운 사람에게 상처받는 경우가 많고 상처 주는 경우도 많다. 편하다는 이유로, 가깝다는 이유로 함부로 대하는 경우가 많기 때문이다. 가까운 사람일수록 더더욱 조심스럽게 다가가야 하는 이유는 상처 주지 말아야 하기 때문이고 상처받지 않아야 하기 때문이다.

역지사지(易地思之)라는 말이 있다. 입장을 바꾸어 생각할 수 있어야 한다는 이야기인데 부모님과의 관계에서도 적용된다. '부모님 입장에서는 화날 수 있겠다', '부모님이니까 걱정되어서 하시는 말씀이겠지', '모든 부모님들이 그러실 거야'라고 생각할 수 있어야 한다. 살갑게 다가가는 방법

도 있고 고민을 털어놓고 어떻게 해야 할지 묻고 용기와 희
망과 격려를 주시라고 부탁하는 방법도 있다.

16

독서대를 활용하라

독서대는
신체의 피로를 덜어준다

도서관 열람실에는 공무원 시험이나 각종 자격증 시험을 준비하는 나이 먹은 사람들이 많은데 그들의 특징은 책상 앞에 오래 앉아 있다는 것과 독서대를 사용한다는 것이다. 독서대에 책을 얹으면 책을 볼 때 목과 허리를 구부리지 않아도 된다. 독서대는 바른 자세로 허리를 꼿꼿이 세워 편안하게 공부할 수 있도록 도와준다. 몸이 편안하면 마음도 편안하고 몸과 마음이 편안한 상태에서는 공부의 효율이 높아질 수밖에 없다.

독서대 사용이 번거롭고 귀찮다고 하면서 독서대 없이

공부해도 불편하지 않다고 이야기하는 학생들이 있다. 독서대 없이 책 읽는 일에 길들여졌기 때문이고 독서대를 사용하기 전과 후를 비교하지 않았기 때문이다. 편안함과 유용성을 모르기 때문이다. 경험해보지도 않고 평가하는 것은 어리석음이고 보다 나은 방법이 있음에도 기존의 방법만 고집하는 것도 어리석음이다. 오랫동안 독서대로 공부한 사람은 독서대 없이는 공부하기 어렵다고 말한다.

독서대는 몸을 편안하게 만들어 집중력을 높인다

정신이 몸을 지배하기도 하지만 몸이 정신을 지배하기도 한다. 몸이 아프면 정신을 집중시킬 수 없고 정신을 집중시켰다 하더라도 책의 내용이 머릿속에 들어오지 않는다. 공부는 정신노동이면서 동시에 육체노동이다. 책상 앞에 앉아 책과 씨름하다 보면 허리도 아프고 어깨도 아프며 목도 아프다. 피곤함을 덜고 집중력 향상에 도움을 주는 독서대를 잘 활용할 수 있어야 한다.

공부할 때는 책상 앞에 바른 자세로 앉아야 효율이 높

다. 의자 뒷면에 엉덩이를 붙이고 허리를 꼿꼿이 펴고 앉아야 한다. 자세가 흐트러지거나 불편하면 정신도 흐트러지기 때문이다. 독서대는 건강에 도움을 주면서 동시에 공부 효율도 높여주는 아주 유용한 도구다.

17

숙제하기는
공부하기가 아니다

깨달은 것, 이해한 것,
암기한 것만 실력이다

영어 단어를 열 번씩 쓰고 있는 학생에게 다가가 방금 쓴 단어가 무슨 뜻이냐고 물으면 모르겠다고 대답하는 경우가 열에 다섯이었다. 숙제하기가 공부하기인 경우도 많지만 시간 낭비인 경우도 많다. 검사받기 위해 생각 없이 노트에 베끼기만 하는 경우가 많다. 숙제를 빨리 마무리해야 한다는 생각 때문에 무슨 내용인지도 모른 채 아무 생각 없이 베껴 쓰는 경우가 많다.

머리에 쌓은 지식만
자기 지식이다

과제를 내주는 이유는 새로운 사실을 알고 정리하며 자기 것으로 만들라는 의도에서다. 하지만 아이들은 야단맞지 않기 위해서, 검사받기 위해서 숙제하는 경우가 대부분이다. 해설지나 친구의 과제를 베껴 쓴 경우가 많고 자습서나 인터넷에 나와 있는 내용을 옮기는 경우도 적지 않다. 과제를 마친 직후에도 내용에 대해 설명하지 못하는 이유다. 과제를 한 다음에 설명할 수 없다면 과제하기는 시간 낭비일 뿐이다.

"발표를 시키겠으니 준비해 와라", "쪽지 시험을 볼 테니 암기해 와라"라는 숙제는 아이들을 공부시키는 괜찮은 숙제이지만, 노트에 적어 오라는 숙제는 시간 낭비인 경우가 많다. 노트에 적은 내용은 자기 지식이 아니다. 자기의 머리에 쌓은 내용만 자신의 지식이다.

18

자신을 믿고 기다리고
또 기다려라

가진 능력의 20퍼센트만 발휘해도
천재라는 이야기를 듣는다

믿음이 중요하다. 부모님이나 친구들에 대한 믿음도 중요하지만 보다 중요한 믿음은 자신에 대한 믿음이다. 자신의 능력을 믿어야 하고 가능성을 믿어야 한다. '구하라. 받을 것이요. 찾으라. 얻을 것이요. 문을 두드려라. 열릴 것이다'라는 말을 진리로 받아들여야 한다.

자신이 이루어놓은 성과에 자기 자신이 대견스러운 적이 있을 것이고 자신의 능력에 감탄한 적도 있을 것이다. 평소에 발휘되지 못하였던 능력이 발휘되었을 때다. 대부분의 사람들은 자신이 가진 능력의 10퍼센트도 발휘하지 못한다는 이야기가 있고, 가진 능력의 20퍼센트만 발휘해도 천재 소리를 듣는다는 이야기도 있다. 자신의 능력을 믿어야 하고 숨겨진 재능을 꺼내보아야 한다. 무딘 칼도 갈면 날카로워지는 것처럼 두뇌 역시 쓸수록 명석해진다.

처음은 어렵고
첫술에는 배부를 수 없다

열심히 했음에도 성적에 변화가 생기지 않는다고 투덜거리면서 실망하고 포기하는 학생들이 많다. 처음에만 어렵다는 사실을 모르는 어리석음이다. 자전거를 처음 탈 때 넘어지는 것은 당연하다는 사실을 모르는 어린아이의 생각이다. 넘어져도 다시 올라타서 페달을 밟으면 언젠가는 자전거를 탈 수 있다는 사실을 알지 못하는 못난 생각이다. 포기하지 않으면 성공할 수 있다. 시동이 꺼진 자동차를 밀 때 처음만 어려운 것처럼 공부 역시 처음만 어렵지 하다 보면 쉬워진다.

기다리고
또기다려야한다

아기를 봐주려면 엄마가 올 때까지 봐주어야 한다는
말이 있다. 아기를 보다가 엄마가 오지 않았는데 그냥 가버
리면 처음부터 안 봐준 것만 못하다는 이야기다. 물을 끓
이겠다면서 99도에서 멈추어도 안 된다. 포기하지 않으면
반드시 성공한다는 사실을 믿어야 한다. 꿈은 두뇌가 우수
한 사람이 이루는 게 아니라 자신의 능력을 믿는 사람, 포
기하지 않고 노력하는 사람이 이룬다. 불가능하다고 생각
하여 이루지 못했던 일을 가능하다고 생각하여 이루어낸
경우가 엄청 많다.

불 꺼진 극장에 들어가본 적이 있는가? 처음은 어둡다.
10센티미터 앞도 보이지 않는다. 그런데 10초만 지나면 희
미하게 뭔가가 보이고 30초 정도 지나면 걷는 데 지장이 없
을 만큼 보인다. 공부도 마찬가지다. 처음에는 막막하고 어
떻게 해야 할지 모르지만 조금만 기다리면 어렴풋하게나마
길이 보이고 방법도 찾아낸다. 처음부터 환하게 보이는 것
만 좋은 게 아니고 지름길만 좋은 것도 아니다. 성적이 오
르지 않아도 포기하지 않으면 언젠가는 반드시 좋은 열매

를 얻게 된다. 빠른 길이 좋다는 생각은 못난이들의 생각이고, 쉬운 길이 좋다는 생각은 바보들의 생각이다. 실패 없는 삶보다는 실패를 이기고 우뚝 선 삶이 더 멋지고 아름답다. 그리고 자랑스럽다.

19

휴식을 시간 낭비로
생각하지 마라

휴식은 승리를 위한
필요조건이다

"나에게 나무 벨 시간 8시간이 주어진다면 나는 기꺼이 6시간은 도끼를 가는 데 쓰겠다." 링컨의 말이다. 도끼를 가는 일이 시간 낭비가 아닌 것처럼 휴식 또한 시간 낭비가 아닌 성공을 위한 과정이다. 인간은 먹고 자고 휴식해야 제대로 활동할 수 있다. 휴식은 인간다운 삶을 위해 필요하기도 하지만 성공을 위해서도 반드시 필요하다. 여유 없이 공부하는 학생이나 휴식 없이 공부하는 학생이 최상의 결과를 만들지 못하는 경우를 자주 본다.

운동선수에게만 컨디션이 중요한 게 아니라 공부하는

사람에게도 컨디션은 매우 중요하다. 아니, 컨디션은 공부하는 사람에게 훨씬 더 중요하다. 양보다 질이 중요한 경우가 훨씬 많은데 공부도 예외가 아니다. 머리가 맑지 못하다고 느끼면 곧바로 휴식을 취해야 한다. 공부가 목적이지 책상 앞에 앉아 있는 것이 목적이 아니기 때문이다. 휴식을 공부의 연장이라고 생각하여 즐거운 마음으로 편안하게 휴식을 취할 수 있어야 한다.

2보 전진을 위해 1보를 기꺼이 후퇴할 수 있어야 한다

운동선수가 경기에서 승리를 거두려면 경기 전에 충분히 쉬어야 한다. 쉴 때 만들어진 에너지가 경기를 잘하도록 만들기 때문이다. 공부 또한 마찬가지다. 휴식을 취하면서 공부해야 좋은 결과를 만들 수 있다. 공부도 힘이 있어야 잘할 수 있는데 휴식은 힘을 만드는 원천이 된다. 2보 전진을 위해 잠깐 쉬는 일이기 때문이다. 점심시간에 15분, 20분 정도 자는 것은 오후 시간과 저녁 시간의 공부를 위해 필요할 수도 있다. 낮잠 15분, 20분은 밤잠 2시간의 효과가 있다는 연구 결과도 있다.

지식 습득만을 위해 학교에 다니는 것은 아니다. 우정을 쌓고 인간을 이해하며 자신의 생각과 친구의 생각을 비교하면서 생각의 폭을 넓히기 위해서도 학교에 다닌다. 양보와 배려도 배우고 세상을 이해하는 능력도 기른다. 친구를 가르치면서 가르치는 기쁨을 느낄 수 있고 자신의 지식을 단단하게 만들 수 있다. 휴식을 취하고 여유를 가지는 것은 시간 낭비가 아닌 공부를 잘하기 위한 준비이고 현명함이다. 고3 직전, 수능시험을 10개월 남겨놓은 1월에 아들을 10박 11일 해외 문화 교류 캠프에 다녀오도록 했다. 10개월은 적지 않은 시간이고 10개월 동안 공부하기 위해서는 에너지를 충전해두어야 한다는 생각에서였다. 11일간 단 1분도 공부하지 않고 신나게 놀았단다. 그리고 그 에너지로 2월부터 1분도 낭비하지 않고 열심히 공부하여 원하는 결과를 만들어냈다. 11일간의 휴식은 최고의 선택이 되었다.

20

전체를 파악해야 부분도
잘 이해할 수 있다

머리말과 차례를 보고
전체의 흐름을 파악하라

운전할 때는 어디쯤 가고 있느냐를 아는 것이 중요하고, 항해할 때 역시 자신이 타고 있는 배가 어디쯤 가고 있고 어느 방향으로 가고 있느냐를 아는 것이 중요하다. 전체 상황을 파악하고 큰 흐름을 알아야 편안하게 갈 수 있고 빠르게 목적지에 도착할 수 있다. 축구 중계방송 해설자는 운동장을 넓게 볼 줄 아는 선수가 훌륭한 축구선수라고 이야기하곤 한다.

공부도 마찬가지다. 먼저 머리말을 읽어야 한다. 꼼꼼히 두세 번 읽어야 한다. 무엇을 공부하고, 왜 공부해야 하며, 어떻게 공부해야 하는지 설명하고 있기 때문이다. 차례를 읽어서 전체 구성도 파악해야 한다. 전체 흐름을 알아야 부분의 의미를 쉽게 이해할 수 있기 때문이다. 머리말과 차례를 읽는 일은 열을 얻기 위한 하나의 투자다.

숲을 본 후
나무를 보아야 한다

퍼즐 맞추기를 해본 적이 있는가? 전체 그림의 모양을 알고 있으면 빠르게 맞출 수 있지만 모른 상태에서는 더디게 맞출 수밖에 없다. 전체를 알면 부분도 쉽고 정확하게 알 수 있지만 전체를 모르면 부분도 제대로 알기 어렵다. 단편적인 지식만으로는 실력자가 될 수 없고 부분과 전체를 함께 알아야만 진짜 실력자가 될 수 있다. 나무를 정확히 보기 위해서도 먼저 숲을 잘 보아야 한다.

21

자투리 시간을
효율적으로 활용하라

자투리 시간의 공부 효율은
수업 시간보다 훨씬 좋다

티끌 모아 태산이라고 하였다. 부자가 되고 싶다면 작은 것이라도 소중하게 여기고 허투루 사용하지 않아야 한다. 작은 물방울이 모여 강을 이루고 강의 물이 모여 바다를 만들 듯 작은 시간들이 모여 큰 시간을 만들고 이것이 성공의 발판이 된다. 잠자는 시간을 아까워하지 말고 자투리 시간을 아무 생각 없이 흘려보냄을 아까워해야 한다. 1,000 미터를 뛰는데 300초(5분)가 걸린다면 100미터를 뛰는 데는 몇 초가 걸릴까? 산술적으로는 30초지만 실제로는 15초다. 자투리 시간 5분 공부가 평소 10분 공부 양과 비슷하다는 이야기다. 자투리 시간을 무시해서는 안 되는 이유다.

습관을 들이면
자투리 시간 활용은 어려운 일이 아니다

"까짓것 5분인데 뭘!"이라고 이야기한다. 그런데 하루 5분씩 다섯 번이면 하루 25분이고 일주일이면 3시간에 가깝다. 한 달이면 무려 12시간 이상이다 놀랍지 아니한가? "내일부터 하겠다, 다음 달부터 하겠다"라고 이야기하는 사람이 많은데 내일이 모레가 되고 다음 달이 그다음 달이 되는 경우가 일반적이다. 미루지 말고 지금 당장 해야 한다. 아무리 어려운 일일지라도 습관을 들이기만 하면 쉬운 법이다. 수업시간 사이의 쉬는 시간에는 복습이 좋고 자투리 시간에는 암기할 내용을 암기하는 게 좋다. 암기수첩에 적어놓은 내용을 한 번 본 다음에 30회, 40회씩 반복하는 것은 습관을 들이기만 하면 결코 어려운 일이 아니다.

22

음악 들으면서
공부하지 마라

인간의 뇌는 두 가지 일을
동시에 하기 어렵다

도랑 치고 가재 잡고, 마당 쓸고 돈 줍고, 누이 좋고 매부 좋고. 이런 일석이조의 행운은 누구나 바라는 바지만 거의 일어나지 않는다. 두 마리 토끼를 잡으려다 한 마리 토끼도 잡지 못하는 경우가 일반적이다.

공부하면서 음악을 듣는 아이들이 있다. 문제되지 않는다고 말하고 오히려 공부가 더 잘된다고 이야기하기도 한다. 착각이다. 그렇다고 믿고 싶을 뿐이다. 음악을 들으면서 단순 작업은 할 수 있지만 음악을 들으면서 공부를 제대로 하기는 어렵다. 둘 다 뇌를 쓰는 작업이기 때문이고 인간의 뇌는 두 가지 일을 동시에 할 수 없기 때문이다.

시험 감독관은 음악 듣는 것을
허락하지 않는다

클래식 음악은 괜찮지 않느냐고 이야기하는 사람이 있
다. 괜찮을 수도 있지만 괜찮지 않을 수도 있다. 인간은 환
경의 지배를 받는다. 평소 음악을 들으면서 공부했는데 시
험 치를 때 음악을 들을 수 없다면 불편함을 느낄 수 있고
그것이 나쁜 결과를 가져올 수도 있다. 평소 음악 없이 공
부해야 음악 없는 시험장에서 편안하게 시험을 치를 수 있
지 않을까?

23

제목을 중요하게
생각하라

제목으로 내용을
예측해보아야 한다

　제목이나 이름은 전체를 아우르고 특징을 나타내며 핵심을 포함하는 경우가 많다. 제목이나 이름을 통해 전체 내용이나 주제나 특징을 짐작할 수 있는 이유다. 사진 전시회나 그림 전시회에서도 제목을 보면 이해가 쉽지만 '무제'라 쓰인 경우에는 의미 파악이 쉽지 않다. 제목으로 내용을 추리하고 상상해본 후 공부해야 이해도 암기도 쉽게 잘할 수 있다.

제목으로 문장을
만들어보아야 한다

　제목이 큰 글자인 이유는 중요하기 때문이다. 그런데 대부분 학생은 제목을 읽지 않고 읽더라도 간단히 가볍게 읽고 넘어간다. 제목을 대충 보고 본문만 읽는 것은 잘못된 읽기다. 본문을 읽기 전에 제목으로 전체 내용을 생각해보아야 하고 제목으로 내용을 추리해보아야 하며 제목을 암기해야 한다.

　영화를 감상하기 전에 제목을 음미하면 영화를 더 재미있게 볼 수 있고, 스포츠 중계를 보기 전에 점수를 예측하면 더 몰입해서 경기를 볼 수 있는 것처럼, 공부할 때도 제목을 보고 내용을 추리하고 상상하면 좀 더 흥미를 가질 수 있고 집중할 수 있으며 쉽게 이해할 수 있다. 시간이 부족하다고? 아무리 바빠도 바늘허리에 실 매어 바느질할 수는 없다고 하지 않았던가?

24

한 권의 책으로
공부하라

많이 읽어라
그러나 많은 책을 읽지 마라

재주가 많으면 굶어 죽는다는 말이 있다. 남보다 잘하기 위해서는 시간을 많이 투자해야 하는데 여러 가지 일에 시간을 나누어 투자하다 보면 어느 한 가지 일에도 시간을 제대로 투자하지 못하게 된다. 시간을 충분히 투자하지 못하였으니 재주를 키울 수 없게 되고 그래서 가난을 면할 수 없게 된다. 재주 많음이 좋지 않은 결과를 가져오는 이유다.

한 권의 책을 여러 번 읽으면 실력을 쌓을 수 있지만, 여러 권의 책을 한 번씩 읽으면 실력을 쌓을 수 없다. 노래 경연대회를 준비할 때 한 곡을 여러 번 연습하면 좋은 결과를 낼 수 있지만 여러 곡을 한 번씩만 연습하면 좋은 결과를 만들 수 없는 것과 마찬가지 이치다. 한 편의 영화를 여러 번 본 적 있는가? 한 번 보고 나서 다 알겠다고 생각했는데 두 번째 보면서 못 보았던 게 많다고 중얼거린 적이 없는가?

대다수 학생은 한 번 풀어본 문제는 다시 쳐다보지 않는다. 안다고 착각하기 때문이다. 공부 잘하는 학생은 완벽하게 자신의 지식이 될 때까지 반복적으로 복습하기를 마다하지 않는다. 많은 책을 읽게 되면 한 권의 책도 여러 번 반복해서 읽을 수 없다. 여러 권의 책을 읽으려 욕심 부리지 말고 한 권의 책을 여러 번 읽으려 욕심 부려야 하는 이유다. 훌륭한 피아니스트가 실력이 부족하여 몇 시간씩 같은 곡을 연주하며 건반을 두드리는 것이 아니다.

반복해서 읽어야
실력자가 될 수 있다

열 개를 어설피 아는 것은 하나를 완벽하게 아는 것만

같지 못하다. 완벽하게 알기 위해서는 반복해서 읽어야 하고 생각하고 또 생각해야 한다. 재수하여 성공한 어떤 학생이 재수를 시작하면서 가장 먼저 한 일은 책을 없애는 일이었다고 했다. 책이 많으면 반복하기 어렵고 반복 없이는 실력을 키울 수 없다고 생각하였기 때문이었단다. 한 권이어야만 반복이 가능하고 반복해야 자신의 지식으로 만들 수 있다. 애인이 많으면 결혼하기 어려운 것처럼.

교육평론가 이범 선생님의 다음과 같은 이야기를 음미해보면 좋을 것 같다. "학습만화 한 권을 백 번 이상 읽은 적이 있는데 그때 부모님께서 나에게 '그 책은 그만 읽고 다른 책을 읽어라'라고 하지 않은 것이 얼마나 다행인지 모른다. 그 책의 내용은 30년 이상 지난 지금도 내 머릿속에 오롯이 남아 있다."

25

말을 줄여라

말이 많으면 실수가 많고
실수로 인한 괴로움은 공부를 방해한다

삼사일언(三思一言)이라고 했다. 세 번 생각하고 한 번 말하라는 뜻이다. 인간은 잘못된 판단을 하는 경우가 많으니 한 번 생각으로는 부족하고 최소 세 번은 생각해야 실수를 줄일 수 있다는 이야기다. 말을 실수하면 누가 괴로울까? 듣는 사람도 괴롭지만 실수한 사람도 괴롭다. 괴로운 상태, 마음이 편안하지 못한 상태에서는 제대로 공부할 수 없다. 말이 많으면 실수가 많을 수밖에 없고 실수로 인한 괴로움은 공부를 망칠 수밖에 없다.

말은 에너지를
소비한다

공부는 머리로 하는 것이지만 육체적 에너지도 중요한 역할을 한다. 에너지가 충분해야 공부도 잘할 수 있다. 말을 할 때도 에너지가 많이 소비된다. 운동은 몸을 활성화시키면서 스트레스도 날려 보내지만, 말을 많이 하는 것은 몸의 에너지도 없애고 정신의 에너지까지 없앤다. 말을 많이 하면 공부할 에너지가 없어져서 공부를 하기가 어렵다.

26

수시로 셀프테스트 하라

핵심 문장을 지운 다음
셀프테스트 하라

지지위지지 부지위부지 시지야(知之爲知之不知爲不知是知也)라 하였다. 아는 것을 안다고 하고 모르는 것은 모른다고 하는 것, 이것이 아는 것이라는 뜻이다. 공부를 잘하기 위한 방법 중 하나는 아는 것과 모르는 것을 구분하는 능력을 가지는 것이다. 모른다는 사실을 알았을 때 알기 위해 노력하게 되기 때문이고 아는 것은 다시 공부하지 않아도 되기 때문이다. 사람들은 착각을 많이 하는데 중·고등학생들은 더더욱 그렇다. 모르면서도 안다고 착각한다.

착각에서 벗어나기 위해서는 아는지 모르는지를 테스

트해보아야 하는데 남에게 테스트받는 방법도 있지만 스스로 테스트하는 방법도 있다. 같은 교재를 두 권 준비한다. 한 권은 학습용이고 한 권은 테스트용이다. 학습용 교재로 충분히 공부한 다음 테스트용 교재의 핵심어들을 지운다. 다시 한 번 학습용 교재로 공부한 다음에 핵심어가 지워진 테스트용 교재의 지워진 핵심어를 생각해낸다. 생각나지 않으면 학습용 교재를 보면서 알아내고 다시 읽어간다. 핵심어가 지워진 테스트용 교재를 막힘없이 읽어 내려갈 수 있게 되면 테스트용 교재를 수식어와 조사만 남겨놓고 지운다. 막힘없이 읽을 수 있으면 안다고 이야기해도 된다.

백지에 쓴 다음
스스로 확인하라

공부를 마친 다음에 공부한 내용을 백지에 써본다. 자신이 알고 있는지 모르고 있는지를 확인하기 위해서다. 한 단락을 읽고 한 단락의 내용을 써보고, 한 단원을 공부한 다음 한 단원의 내용을 써본다. 그대로 써야 하는 것은 물론 아니다. 막히게 되면 다시 공부한 후 다시 써보도록 한다. 교재를 보지 않고 백지에 쓸 수 있을 때만 안다고 이야기할 수 있다.

공부를 잘하는 학생은 자신의 부족한 부분을 알기 위해 힘쓰고 그 부족함을 채우려고 노력한다. 그런 과정이 자신을 성장시키는 방법이라는 사실을 알고 있기 때문이다.

27

시험을 치른 후에는
철저히 분석하라

철저히 분석하고
완벽히 소화하라

시험이 끝난 다음, 학생들의 모습을 보면 공부를 잘하는 학생인지 못하는 학생인지 어느 정도 알 수 있다. 시험지와 책을 번갈아 보면서 골똘히 생각에 잠긴 학생은 공부 잘하는 학생이고 점수를 확인한 후 기쁜 표정을 짓거나 슬픈 표정을 짓는 학생은 공부 못하는 학생이다. 채점조차 귀찮아 하는 학생은 공부를 포기한 학생이고.

바둑이나 장기 프로그램을 보면 시합이 끝났어도 선수들은 일어서지 않는다. 방금 두었던 그 순서 그대로 처음부터 다시 바둑알이나 장기짝을 놓는다. 무엇을 잘못하였고 어떤 것이 승패를 좌우했는지 검토하는 것인데 이를 복기라 한다. 복기는 실력을 키우기 위한 중요한 과정이다. 운동선수들도 시합이 끝나면 녹화 동영상을 보면서 평가회를 갖고 연기자들도 자기가 출연한 작품을 보면서 모니터링을 한다. 부족한 부분을 보충하여 좀 더 발전하기 위해서다.

공부 잘하는 학생은 교과서와 함께 기출문제를 소중하게 생각한다. 기출문제 전체를 완벽히 분석해서 자기 실력으로 만드는 일을 중요하게 여긴다. 한 번이 아니라 서너 번씩 공부하는데 기출문제가 그 어떤 다른 문제보다 도움이 된다는 사실을 알고 있기 때문이다. 같은 지문이나 문제가 나올 까닭이 전혀 없음에도 철저히 분석하는 이유는 기출문제 분석을 통해 무엇을 공부해야 하고 어떻게 공부해야 하는지를 알 수 있기 때문이다.

시험을 준비하는 학생에게 지난 시험이 어떻게 출제되었는지를 아는 것만큼 중요한 일은 없다. 맞은 문제는 확실하게 알도록 만들어주고 틀린 문제는 더 이상 틀리지 않도록 도와준다. 기출문제를 풀면서 공부의 방향을 찾아야 하고 자신의 부족함을 보완할 수 있어야 한다.

시험 직후에
철저하게 분석하라

모의고사 치르는 목적을 실력 키우는 데에 두어야 한다. 하루 종일 시간과 에너지를 투자했는데 몇 점인지와 몇 등인지만 알고 마무리한다면 억울하다. 왜 틀렸는지를 철저히 분석해야 하고 다음에는 틀리지 않을 방법을 연구해야 한다. 어설프게 알고 있던 내용이나 몰랐던 내용을 확실히 알아낼 수 있어야 한다.

맞춘 문제는 쳐다보지 않고 틀린 문제만 대충 확인하고 문제 분석을 끝내버려서는 안 된다. 찍어서 맞추거나 운이 좋아서 맞춘 것을 실력으로 맞춘 양 기분 좋아하며 넘어가서도 안 된다. 확실하게 알아서 푼 문제가 아니라면 맞춘 문제까지 검토하고 분석해야 한다. 어설프게 아는 것은 아는 것이 아니기 때문이다.

쇠뿔도 뜨겁게 달았을 때 빼야 잘 빠진다. 머릿속에 문제 내용과 문제와 씨름했던 기억들이 남아 있을 때 문제를 분석하고 부족한 부분을 보충하는 게 좋다. 하루이틀에 분석을 마무리하려 욕심 부려서는 안 된다. 최소 3, 4일, 길게는 10일 정도 모의고사 문제와 씨름해야 실력을 키울 수 있고, 그래야 시간을 들여 모의고사를 치른 가치가 있다. 시험을 치른 후 점수에만 관심을 가지는 학생은 공부 못하는 학생이고, 무엇이 부족하여 틀렸는지에 관심을 기울이면서 시험지와 씨름하는 학생은 공부 잘하는 학생이다.

28

문제 풀이 중심의
공부는 위험하다

기본이 중요하다

손흥민 선수는 어렸을 적 축구 시합을 거의 하지 않았
고 대회에 나가지도 않았다고 한다. 중2까지는 체력 훈련과
기본기를 탄탄하게 만드는 훈련에만 충실했단다. 세계적인
축구선수가 된 이유다. 우리 학교 축구부 선수가 22명 이
상인데 연습 경기는 일주일에 한 번 정도다. 날마다 운동장
에서 땀을 흘리지만 기초 체력훈련, 기본기훈련, 전술훈련
을 열심히 할 뿐이다. 기초 체력이나 기본기를 무시하면 절
대 좋은 결과를 낼 수 없음을 알기 때문이고, 연습경기보
다 체력훈련이나 기본기훈련이 더 중요하다는 사실을 알고
있기 때문이다.

공부에서도 기초가 중요하다. 어려운 문제를 해결하는 능력도 탄탄한 기초 실력에서 나온다. 기초가 단단하지 않은 게 문제지 기초가 단단하기만 하면 어떤 어려운 문제도 쉽게 해결해갈 수 있다. 실력 쌓기에 힘써야지 실력 확인에 힘써서는 안 된다.

문제 풀이 중심의 공부는 모래 위에 집 짓는 일이다

모래 위에 집 짓는 사람을 비웃는 이유는 그 집이 곧바로 쓰러져버릴 것이라는 사실을 알기 때문이다. 공부한다면서 문제만 푸는 일은 모래 위에 집을 짓는 행위와 같다. 문제 풀이 중심의 공부는 기본 개념과 핵심 내용을 익히지 못하는 공부이기에 실력 쌓는 일이 되지 못한다. 선택형 문제는 더더욱 그렇다. 찍어서 맞췄음에도 실력으로 맞췄다고 착각하는 경우가 많다. 모르는 것을 안다고 착각해서는 안 되고 어설프게 아는 것을 완벽하게 안다고 착각해서도 안 된다. 틀렸던 문제를 일주일 후에 다시 풀었을 때 다시 틀리는 경우도 적지 않다. 문제 풀이 중심 공부의 약점이다.

29

문해력 향상을 위해
노력하라

문해력이 실력이다

문해력은 글을 읽고 해석하는 능력이다. 글의 내용을
완벽하게 이해하고 활용하는 능력인데 말하기, 듣기, 읽기,
쓰기가 모두 가능한 능력이다. 글자는 읽을 수 있지만 글의
내용을 이해하지 못한다면 하루 종일 공부해도 얻는 게 거
의 없다. 초등학교 중학교 고등학교 시절에 가장 중점적으
로 길러야 할 능력이 문해력이다. 문해력 없이 공부를 잘하
겠다고 하는 것은 맨손으로 빌딩을 짓겠다는 것과 다르지
않다.

의사소통이 중요한데 그 능력을 키우기 위해서는 우리
말과 우리글을 이해하고 활용할 줄 아는 능력인 문해력이

있어야 한다. 지식과 정보를 받아들일 수 있어야 하고 자신의 의견을 표현할 수 있어야 하며 상황을 파악해 일을 제대로 처리할 수 있어야 하기 때문이다. 책에 있는 지식과 지혜를 자기 것으로 만들기 위해 필요한 능력이 문해력이고 지식과 지혜를 누군가에게 전하기 위해 필요한 능력 또한 문해력이다.

배경지식이 중요하다

아는 만큼 보인다고 했다. 아는 만큼 보일 뿐 아니라 아는 만큼 들리고 아는 만큼 이해되며 아는 만큼 표현할 수 있다. 배경지식이 중요하다. 배경지식이 많으면 하나를 듣고도 열을 알 수 있지만 배경지식이 부족하면 설명을 듣거나 책을 읽어도 자기 것으로 만들지 못한다. 배경지식이 많아야 지식을 기하급수적으로 쌓아갈 수 있다. 종잣돈이 있어야 그걸 바탕으로 장사를 할 수 있는 것처럼 배경지식이 있어야 그걸 바탕으로 지식을 키워나갈 수 있다. 배경지식을 키우는 가장 좋은 방법은 독서다.

독서를 많이 하라

독서를 공부와 별개라고 생각하는 학생과 학부모가 많은데 잘못된 생각을 넘어 위험한 생각이다. 대학입시에 성공한 학생들은 거의 모두 어렸을 때부터 독서를 즐겼다고 하지 않던가? 독서가 공부고 공부가 독서인 것이다. 지식과 지혜를 얻는 가장 쉬운 방법은 독서다. 누군가가 오래 생각하고 고민하고 경험한 것들을 짧은 시간 안에 자신의 것으로 만들 수 있으니 독서만큼 경제적인 일이 어디에 있겠는가? 글을 읽고 이해하는 능력을 키우는 데, 글의 핵심을 파악하는 능력을 키우는 데 독서만 한 것이 없다.

영어 문장을 우리말로 해석하긴 했는데 무슨 의미인 줄 모르는 경우가 있다. 영어 참고서의 뒷부분에 있는 번역된 글을 이해하지 못하는 학생도 많다. 영어 단어 숙어의 뜻을 알고 해석도 할 줄 아는데 해석된 내용을 이해하지 못한다면 영어 공부한 것이 무슨 소용 있겠는가? 영어를 잘하기 위해서도 독서가 필요하고 사회 과목, 과학 과목을 잘하기 위해서도 독서가 필요하다.

배경지식을 쌓고 싶다면 독서해야 한다. 책 읽는 일만 독서가 아니다. 신문이나 잡지를 읽는 일도 독서고 전단지나 설명서를 읽는 일도 독서다. 독서의 '서(書)'를 '책 서'가 아닌 '글 서'로 이해하는 것이 좋다. 진정한 리더가 되고자 한다면 먼저 진정한 리더가 되어야 한다고 했다. 앞의 '리더'는 leader고 뒤의 '리더'는 reader다. 독서만큼 사람을 크게 만드는 일은 없다.

30

방학에는 복습과
독서와 경험 쌓기에 힘써라

방학은
기회의 시간이다

하루가 24시간이지만 어떤 사람은 48시간을 살기도 하고 어떤 사람은 12시간도 못 산다. 방학 때는 12시간 이하를 사는 학생들도 많다. 부끄럽지 않고 후회하고 싶지 않다면 방학에도 평상시와 같이 시간을 운용하는 것이 좋다. 가장 필요한 것은 등교할 때와 똑같이 일어나고 자는 일이다. 공부를 하지 않아도 좋으니 오전 6시 30분 이전에 일어나고 하늘이 무너진다 해도 오후 11시 30분 이전에 자야 한다. 방학이라는 이유로 늦게 자고 늦게 일어나는 생활은 자신의 삶을 내팽개치는 결과를 낳을 수 있다. 낮잠도 20

분 이상은 절대 안 된다. 신체 리듬이 깨지고 무기력해지고 계속 자고 싶어진다. 밤에 제대로 잘 수 없어 다음 날 정상적인 생활을 할 수 없게 된다.

집에 혼자 머무르는 일도 피해야 한다. 등교할 때와 같은 시간에 집에서 나와 학교든 도서관이든 가야 한다. 집에 있으면 스마트폰, 컴퓨터게임, 텔레비전의 유혹을 이겨내기 쉽지 않고 어영부영 시간을 흘려버리기 쉽다. 이것저것 먹게 되고 수시로 잠자는 무기력한 상태가 되기 쉽다. 도서관이나 학교에 가면 열심히 공부하는 사람들을 만나게 되고 그 틈에 끼게 되면 그 속에서 자기도 무엇인가 열심히 하게 된다. 인간은 사회적 동물이다.

방학에는 하고 싶은 과목의 공부를 하루 종일, 또는 일주일 내내 마음껏 할 수 있으니 시간을 잘 활용하기만 하면 자기 발전을 위한 황금 시간으로 활용할 수 있다. 마음껏 공부해 실력을 키울 수 있고 실력이 자라면 자존감도 키울 수 있다. 공부를 못하는 학생은 책상 앞에 앉아 책 읽는 습관부터 들여야 한다. 만화책을 읽든 그림을 그리든 책상 앞에 앉아야 한다. 알아가는 즐거움을 느낄 수 있어야 하고 할 수 있다는 자신감을 가져야 한다.

방학을 공부하지 않는 시간이라고 이해하는 사람들이

많은데 절대 그렇지 않다. 방학은 '놓을 방(放)' '배울 학(學)'으로 배우는 것을 잠시 놓는 시간이다. 배우지 않을 뿐이지 공부하지 않는 것은 결코 아니다. 선생님에게 배우는 대신 스스로 탐구해야 한다.

방학에는 복습으로 실력을 다져야 한다

2학기 2차고사(기말고사)가 끝나면 쓰레기통에 책이 쌓이기 시작한다. 시험이 끝났으니 배운 책은 더 이상 쓸모없다고 이야기한다. 그리고 방학이 되면 다음 학기 책을 가지고 학원으로 향한다. 지난 학기에 공부한 내용을 잘 알지도 못하면서 다음 학기 책을 공부하겠노라 덤빈다. 모든 공부는 연결되어 있다는 사실을 모르기 때문이고 지난 학기 내용을 확실히 알아야 다음 학기 내용을 쉽고 재미있게 공부할 수 있다는 사실을 모르기 때문이다. 1학년 내용을 잘 알지 못하면 2학년 내용을 공부하기 어렵다. 지난 학기에 배운 내용은 다음 학기 공부와 연결된다. 방학을 지난 학기의 과정을 복습하고 정리하는 시간으로 활용해야 한다.

선행학습이 다음 학기 공부에 도움이 될 것이라 생각하는 사람이 많지만 절대 그렇지 않다. 헛공부인 경우가 많고 시간 낭비인 경우가 대부분이다. 복습으로는 실력을 키울 수 있지만 선행학습으로는 실력을 키우기가 어렵다. 대학수학능력시험을 잘 치르려면 3학년 교과 내용뿐 아니라 1, 2학년 교과 내용에 대해서도 확실히 알아야 한다. 지난 학기에 공부한 내용을 복습해야 하는 이유다.

　우리 신체의 신경과 근육이 모두 연결되어 영향을 주고받는 것처럼 학습 내용 또한 이렇게 저렇게 긴밀하게 연결되어 영향을 주고받는다. 국어 실력이 영어 실력을 키워주고 영어 실력이 사회 실력을 키워준다. 수학 실력이 과학 실력을 키워주고 과학 실력이 국어 실력을 키워준다. 1학년 실력이 2학년 실력을 키워주고 2학년 실력이 수학능력시험을 잘 치르도록 도와준다. 지금까지 배운 내용을 중간고사 기말고사 끝났다는 이유로 내팽개쳐서는 안 되는 이유다. 방학에는 선행학습보다 그동안 공부했던 내용을 복습하는 것이 좋다. 선행학습 하라는 방학이 아니다. 그동안 배운 것들을 정리하고 완전하게 자기 실력으로 키우라는 방학이다. 다음 학기 준비는 개학 3, 4일 전에 전체 흐름을 파악하는 것으로 충분하다.

방학에는 독서를 통해 배경지식을 키워야 한다

독서를 대학입시와 별개로 생각하는 사람이 많은데 절대 그렇지 않다. 독서야말로 대학입시에 엄청 중요한 역할을 한다. 국어는 물론 영어 사회 과학도 배경지식이 있어야 이해하기 쉽고 이해가 되어야 암기도 쉽게 할 수 있는데 배경지식을 쌓는 최고의 방법은 독서다. 독서해야 배경지식을 키울 수 있고 배경지식을 키워야 공부도 잘할 수 있다.

학기 중에는 예습 복습하고 수행평가하느라 독서할 시간이 부족하지만 방학에는 종일 독서할 수 있으니 얼마나 좋은가? 방학을 독서 시간으로 만들어야 한다. 방학은 학원에 가서 선행학습하고 인터넷강의 들으라고 주어진 것이 아니다. 독서하라고 주어졌다. 독서로 교양을 쌓고 경험을 축적해야 하며 공부의 자양분이 되는 배경지식까지 쌓아야 한다.

방학은 여러 가지를 경험할 좋은 기회다

방학은 다양한 경험을 쌓을 수 있는 좋은 기회다. 이런 저런 직업에 대해 알아보는 것도 좋고 여기저기 기웃거리면서 세상을 알아가는 것도 좋다. 존경하는 사람이나 롤모델로 삼을 사람을 만나는 것도 좋다. 전화나 편지로 만나고 싶은 사람에게 만남을 요청하면 허락해줄 것이다. 만나서 대화를 나누게 되면 기대 이상의 것들을 얻을 수 있다. 직접 만나기 어려우면 책으로 만나는 것도 괜찮다.

새로운 경험을 해보는 일도 필요하다. 관광지 중심의 여행보다 다양한 삶의 현장을 찾거나 문화유산을 답사하는 것이 좋다. 몸소 체험하고 다양한 사람들을 만나 이야기를 나누면서 세상 보는 안목을 키우고 생각을 키우는 일은 살아 있는 공부가 된다. 학원 다니라는 방학이 절대 아니다. 많이 생각하라는 방학이고 여러 가지 경험을 쌓으라는 방학이다.

31

학교나 도서관이 공부하기
가장 좋은 장소다

유혹하는 것이 없고
쾌적하다

인간은 환경의 지배를 받는다. 공부 장소 선택이 중요한 이유다. 집에는 유혹거리가 많다. 컴퓨터, 냉장고, 텔레비전, 침대. 그리고 가족의 대화 소리까지. 게임 한 판만 하겠다면서 컴퓨터 앞에 앉지만 한 판이 두 판 되고 두 판이 세 판 된다. 냉장고에 무엇이 있나 열고 닫기를 반복한다. 무엇이 방송되고 있는지 확인만 하겠다면서 TV를 켰는데 채널을 이렇게 저렇게 돌리다 보면 재미있는 게 나오고 그러면 거기에 눈을 고정시키게 된다. 잠깐만 누워 쉬겠다는 생각으로 침대에 누웠는데 3시간 4시간이 금방 지나가버린다. 부모님의 잔

소리가 기분을 상하게 만들고 형이나 누나의 한마디가 신경을 곤두서게 만들며 가족끼리의 대화에 간섭하고 싶어진다. 학교나 도서관에는 이런 방해물이 없기 때문에 집에서보다 집중력이 3배 이상이다. 쾌적하기도 하여 공부하기에 더없이 좋다.

친구들 모두 공부하는데 자신만 공부하지 않으면 이상하고 불편하다. 공부할 수밖에 없다. 모두가 "예" 하는데 자기만 "아니요"라고 이야기하기 힘든 것과 마찬가지다. 공부가 되지 않을지라도 도서관이나 자율학습실에 머무르는 것이 이익이 되는 이유다.

학교는 휴식하고 운동하기에 좋은 장소다

인간이다. 쉬지 않고 공부할 수 없다. 쉬어야 하고 운동해야 한다. 휴식과 운동은 에너지 충전이다. 에너지가 충분해야 공부도 잘할 수 있다. 휴식을 취하고 운동도 해야 공부도 잘할 수 있다.

휴식이나 운동은 시간 낭비가 아닌 2보 전진을 위한 1보

후퇴다. 특히 운동은 건강을 위해서뿐 아니라 공부를 위해서도 반드시 필요하다. 격하게 하지 말아야 하고 오랜 시간 하지 말아야 하는 것임은 물론이다. 공부하다가 잠깐 휴식을 취할 수 있고 운동도 할 수 있는 장소가 학교다.

32

커피, 탄산음료,
패스트푸드를 멀리하라

커피가 인지 기능을 향상시키고 학습 능률을 높여준다
는 연구 결과도 있지만 이와 다른 연구 결과도 있다. 커피가
일시적으로는 머리를 맑게 하지만 오히려 피로를 불러오고
숙면을 방해한다는 연구 결과가 그것이다.

커피는 숙면을 방해한다. 잠을 제대로 자지 못하면 다음
날은 피곤할 수밖에 없고 그러면 공부의 능률이 저하될 수
밖에 없다. 카페인은 흥분 효과를 유발하여 집중력을 떨어뜨
린다. 뇌신경도 쉬어야 하는데 카페인은 뇌가 휴식을 취하지
못하게 만든다. 또한 카페인이 계속 자극하면 뇌신경이 흥
분 상태에서 벗어나지 못하고 뇌세포가 손상된다. 그러면 두
뇌가 제대로 활동하지 못한다. 커피는 아동과 청소년의 정신
건강과 신체 건강 모두에 나쁘다. 이익을 보고자 한 일이 오

히려 손해를 불러온다면 이보다 억울한 일이 어디에 또 있겠는가?

콜라, 사이다 같은 탄산음료와 피자, 튀김, 크림, 패스트푸드도 뇌 기능을 떨어뜨리기 때문에 피하는 게 좋다. 콜라 속에 함유된 인산염이나 구연산은 칼슘을 없애는 역할을 하고 칼슘 부족은 뇌에 영향을 주어 산만해지게 만들며 정서불안을 가져와 공부를 방해한다. 패스트푸드에는 탄수화물이나 지방은 많고 건강한 삶을 위해 필요한 단백질, 비타민, 무기질 성분은 부족하다. 한 달간 패스트푸드만 먹었더니 체중이 11킬로그램 증가했다는 영화감독의 이야기를 들은 적 있다. 체지방을 증가시키고 심장에 나쁜 영향을 주며 면역력을 저하시켜 염증을 증가시키기도 한다. 집중력이 낮아지고 산만해진다는 연구 결과도 계속 발표되고 있다. 패스트푸드보다 과일이나 채소나 견과류를 먹는 게 좋다. 건강을 지켜줄 뿐 아니라 뇌세포 노화를 방지하고 두뇌 회전을 활발하게 해주기 때문이다.

33

음식을 곁에 두면
집중력이 떨어진다

견물생심(見物生心)은 인간 심리에 대한 정확한 표현이다. 물건을 보면 마음(욕심)이 생기는 건 어쩔 수 없다. 음식이 옆에 있으면 손이 가게 되고 그러면 뇌가 먹는 일에 신경을 쓰게 되고 그러면 집중력이 떨어질 수밖에 없다. 정신이 분산되고 집중력은 저하된다. 물도 마셔야 하고 양치도 해야 하기 때문에 시간 낭비 또한 적지 않다. 포만감도 공부를 방해한다. 간식은 가능한 먹지 않는 게 좋지만 꼭 음식을 먹어야 한다면 책상 앞이 아니라 식탁이어야 하고 먹은 후 곧바로 책상 앞으로 돌아와야 한다. 간식과 과식 그리고 불규칙한 식사가 뇌 활동을 방해한다는 연구 결과에 주목해야 한다.

34

아침 식사는
반드시 해야 한다

신체 활동에만 에너지가 필요한 게 아니라 뇌 활동에도 많은 에너지가 필요하다. 에너지는 음식 섭취를 통해 만들어진다. 아침 식사를 하지 않으면 체력 저하뿐 아니라 어지럼증도 오고 정서불안도 올 수 있다. 두뇌 활동에 장애가 발생하여 이해력, 사고력, 집중력, 기억력 모두 떨어진다. 아침 식사를 충분히 해야 하는 이유다. 먹지 않고 훌륭한 운동선수가 될 수 없는 것처럼 먹지 않고는 공부를 제대로 할 수 없다. 아침 식사를 하기 위해서라도 늦게 자고 늦게 일어나는 습관을 빨리 자고 빨리 일어나는 습관으로 바꾸어야 한다.

35

전화나 SNS에
일일이 반응하지 마라

통화하는 시간뿐 아니라 통화가 끝난 후에 전화 내용을 곱씹는 시간 또한 공부를 못하는 시간이다. 카톡이나 문자도 마찬가지다. 상대방이 보낸 문자의 숨은 의미를 분석하느라 고민하게 되고 어떻게 답변해야 할까 고민하게 되며 자신이 보낸 문자를 오해하면 어쩌나 걱정하며 가슴 졸인다. 전화나 SNS는 이래저래 공부에 집중할 수 없게 만든다. 스마트폰 해지가 최선의 방법이다. 더 이상 자신의 시간을 갉아먹히기 전에 당장 이별을 통보해야 한다. 해지가 어렵다면 종일 꺼두고 있다가 하루에 한 번 정도만 켜보는 것이 좋다. "남들도 다 하는데……"라고 이야기하는 학생들이 많은데 이렇게 반문하고 싶다. "남들도 다 실패하니까 너도 실패해도 괜찮은 거니?"라고. 남과 같이 해서는 결코 남 이상이 될 수 없다는 사실을 분명히 알아야 한다.

휴식이라고 변명하는 학생들이 많은데 절대 아니다. 휴식은 하던 일을 멈추고 몸을 편안한 상태가 되게 만드는 일이다. 그런데 SNS는 편안한 상태를 만들지 않는다. 절대로 휴식이 될 수 없다. 신체도 정신도 피로하게 만드는 일일 뿐. 공부하느라 피곤한데 거기에 스마트폰이라니?

36

친구보다는 선배나 어른과
대화하고 상담하라

친구는 행복을 가져다주기도 하고 힘을 북돋워주기도 한다. 기쁨을 키워주고 슬픔을 줄여주기도 한다. 다른 모든 것이 갖추어져 있을지라도 친구가 없다면 실패한 삶이라고 이야기하는 사람도 있다.

친구가 중요한 것은 분명하지만 지식이나 지혜를 키우는 일에는 선배나 어른이 더 도움이 된다. 친구도 만나야 하지만 선배나 어른을 만나 대화하고 상담해야 하는 이유다. 친구는 어두운 길을 함께 헤매는 사람일 수 있다. 자신과 마찬가지로 경험이 많지 못하여 지식이나 지혜, 생각의 깊이나 판단력에서 자신과 큰 차이가 없기 때문이다. 사람은 실패와 성공의 경험, 시간이 가르쳐준 지식과 지혜를 통해 성장할 수 있는데 그러한 것들은 친구보다 선배나 어른들에게 훨씬 많다.

37

먼저 책상 앞에 앉아 있는
연습부터 하라

그동안 공부하지 않다가 이제 막 공부를 시작하는 학생들에게는 책상 앞에 앉는 일 자체가 고통이다. 그런 학생들은 공부가 되지 않더라도 일단 책상 앞에 앉아 있는 연습부터 해야 한다. 공부는 책상 앞에서 하는 것이기 때문이고 공부하기 위해서는 우선 책상 앞에 앉아 있는 힘이 필요하기 때문이다. 책상 앞을 떠나면 여러 가지 유혹이 찾아오고 물리치기는 절대 쉽지 않다. 스마트폰이나 컴퓨터나 텔레비전이나 침대가 가까이 있다면 더더욱 힘들다.

공부는 시작했는데 공부가 안 되고 피곤하기만 하면 어떻게 해야 할까? 그냥 책상 앞에 앉은 채로 눈을 감고 있든지 책상 위에 엎드려 잠깐 자는 정도만 해야 한다. 15~20분 정도 지나면 정신이 맑아질 것이고 그때 다시 공부를 시작하면 된다.

38

공부에서
가장 중요한 감각은 시각이다

뇌 과학자들은 공부에 절대적인 영향을 미치는 감각은 시각이라고 이야기한다. 미각 1퍼센트, 촉각 1.5퍼센트, 후각 3.5퍼센트, 청각 11퍼센트, 시각은 83퍼센트라는 연구 결과가 그것이다. 시각을 활용하여 공부하는 것이 최상이다. 강의 들으면서 하는 공부보다 책을 보면서 생각하는 공부가 훨씬 효율적이다. 책을 보고 강의를 들으면서 하는 공부가 더 효율적인 것 아니냐고? 그럴 수 있지만 꼭 그렇지만 않은 이유는 대부분 강의가 생각할 여유를 주지 않기 때문이다. 책을 보면서 마음껏 연구하고 충분히 생각하는 공부가 가장 효율적인 공부다.

39

성적은 계단식으로
올라간다

땀 한 방울 흘리면 하나를 얻고 땀 두 방울 흘리면 둘을 얻으며 땀 열 방울 흘리면 열을 얻는 것을 정비례라 하는데 세상은 대부분 이런 법칙에 따라 움직인다. 하지만 정비례 법칙이 적용되지 않는 것도 있으니 그것은 노력과 성적 향상과의 관계다.

대나무 중 최고로 치는 대나무는 중국 동쪽 지역에서 자라는 모소대나무란다. 그런데 이 대나무는 4년 동안 아무리 잘 가꾸어도 3센티미터밖에 자라지 않지만 5년째가 되면 하루에 30센티미터 정도 쑥쑥 자라며 폭발적으로 성장한단다. 대부분 사람이 4년 동안 성장이 멈췄다고 생각했는데 사실은 땅 밑에서 깊고 넓게 성장하였고 5년째 되는 해에 줄기가 그 뿌리로부터 영양분을 흡수하여 순식간에 자라난다는 것이다. 뿌리가 단단하기 때문에 하루에 30센티미터를 자라도 그 무게를 견딜 수 있다는 것이다.

4개월을 열심히 공부했음에도 성적은 조금도 오르지 않고 제자리걸음이다. 5~6개월을 꾸준하게 열심히 하였음에도 성적이 오르지 않는 경우도 있다. 중요한 것은 여기서 실망하지 않고 언젠가는 반드시 오른다는 믿음을 가지고 계속하는 것이다. 중2까지는 크지 않던 키가 중3이나 고1이 되어 부쩍 커버린 친구들을 보면서 희망을 가져야 한다.

실망하고 좌절하여 노력을 중단하면 성적은 그 자리에서 멈춰버리지만 포기하지 않고 노력을 계속하면 어느 순간 성적이 수직 상승한다. 성적은 땀 한 방울에 1점씩 오르는 게 아니라 아홉 방울까지는 1점도 오르지 않다가 열 방울 흘렸을 때 한꺼번에 10점이 올라간다. 성적은 계단식으로 오른다는 사실을 믿어야 하고 자신의 능력을 믿어야 하며 하늘은 노력하는 자에게 은혜를 베푼다는 사실도 믿어야 한다.

40

대학입시가
공부의 끝이 아니다

대학입시가 인생을 결정한다는 말은 거짓이다. 명문대에 입학했어도 보잘것없이 초라하게 사는 사람이 많고 비명문대를 졸업했어도 멋지고 아름답게 사는 사람이 많다. 명문대 합격하면 성공하고 행복할 확률이 높을 뿐이고 비명문대 졸업하면 성공하고 행복할 확률이 조금 낮을 뿐이지 대학 따라 성공과 행복이 결정되는 것은 절대 아니다.

명문대 들어가면 좋을 수 있지만 못 들어간다 해도 절망할 필요는 없다. 중요한 것은 대학에서 얼마만큼 노력하느냐고 더 중요한 것은 직장에서 얼마만큼 열심히 일하느냐다. 명문대학에 가기 위해 공부하는 것도 좋지만 대학에서 공부 잘하기 위해, 또 직장 업무를 잘하기 위해 공부한다고 생각하는 것이 더 좋다.

지금 당장 시험 점수가 기대치에 못 미쳤다고 해서 슬퍼하거나 절망할 필요는 없다. 행복을 만들 시간은 아직 많이 남아 있기 때문이다.

41

자기주도학습은
대학과 직장까지 연결된다

자기주도학습은 대학입시에만 도움을 주는 것이 아니라 대학 공부에도 도움을 주고 직장 업무에도 도움을 준다. 아니, 삶 전체에 도움을 준다. 중·고등학교 때 자기주도학습을 한 학생은 대학입시에서 좋은 결과를 낼 뿐 아니라 대학에서 장학금을 받는 경우가 많고 취업을 잘하는 경우도 많다. 연구하면 문제를 해결해낼 수 있고 꾸준히 익히면 실력을 쌓을 수 있다는 사실을 아는 사람은 계속 익히고 연구해서 좋은 결과를 낸다. 하지만 항상 누군가의 도움을 받아 문제를 해결해온 사람은 스스로는 능력이 없다고 생각하여 항상 누구에게 도움받을까 기웃거리다가 시간만 허비하고 결국 아무 일도 못한 채 주저앉아 버리고 만다. 중·고등학교 때 스스로 연구하고 문제와 씨름해야 하는 이유다.

자신의 힘으로 문제를 해결해낸 경험이 중요하다. 경험을 통한 자신감이 중요하고 자신에게 스스로 할 수 있는 잠재력이 있다는 사실을 깨닫는 것이 중요하다. 자신에 대한 믿음, 하면 된다는 신념, 할 수 있다는 자신감은 중·고등학교 시절에 반드시 길러야 하는 능력이다.

42

수학 공부에
올인하지 마라

자기 공부 시간의 70퍼센트 이상을 수학 공부에 투자하는 중·고등학생이 많다. 수학이 어렵고 변별력이 크며 시간을 많이 필요로 하기 때문이란다. 그런데 우습지 아니한가? 수학만 중요하다니? 수학만 잘하면 대학입시에 성공할 수 있다니? 국어도 1, 2등급이고 영어와 탐구도 1, 2등급이라면 수학 공부에 올인하는 것도 괜찮은 방법일 수 있다. 그런데 국어, 수학, 영어, 탐구 모두 4등급이나 5등급이면서 수학 공부에만 올인하는 것은 분명 잘못된 일이다.

대학수학능력시험에서 국어, 수학, 탐구 영역은 상대평가다. 100명 중 4명만 1등급이고 100명 중 11등 안에 들어야 2등급이다. 절대평가인 영어도 1, 2등급 받는 일이 결코 쉬운 일이 아니다. 국어, 영어, 탐구가 4, 5등급 나오는데 왜 수학 공부에만 시간을 투자하는가? 수학 공부가 중요할 수는 있지만 수학 공부만 중요한 것은 절대 아님을 알아야 한다.

하나 더. 대학입시가 공부의 끝이 아니다. 진짜 공부는 대학에서 하는 공부다. 대학입시를 위해서 공부하는 것이 잘못된 일은 아니지만 대학 진학 후의 공부까지 생각하면서 공부하는 것이 현명하다. 대학에서의 공부가 훨씬 중요하다. 직장에서의 업무 능력이 중요하며 경영자와 관리자로서의 능력이 중요하다. 수학 공부에 올인하지 말아야 하는 이유다.

43

일찍 자고
일찍 일어나라

인간의 몸은 하루 24시간 생활 방식에 길들어 있다. 해가 뜨면 일어나고, 낮에는 일하고, 해가 지면 쉬다가, 밤이 깊어지면 자는 것에 생체리듬이 맞춰져 있다. 이를 '일주(日周)리듬'이라 부르는데 이를 어기면 정상적인 생활을 하기 어렵다.

밤에 2시간 더 공부하면 그만큼 이익이라고 말하는 학생들이 있다. 이익만 생각할 뿐 손해는 생각하지 못하는 어리석음이다. 2시간 공부하는 이익보다 '일주리듬'의 파괴로 낮에 6~7시간 비몽사몽 상태로 시간을 허비하는 손해가 훨씬 크다. 일찍 일어나는 새가 벌레를 잡는다는 말이 옳다면 일찍 일어나는 학생이 공부를 더 잘할 수 있다는 이야기도 옳다. 일찍 자야 일찍 일어날 수 있다. '이른 아침은 입에 황금을 물고 있다'는 말도 있지 않은가?

공부를 위해서뿐 아니라 신체 건강을 위해서도 밤 11시 이전에 잠자리에 드는 것이 좋다. 수면은 키 성장에 중요한 영향을 미치기 때문이다. 과학자들은 밤 10시부터 새벽 2시 사이에 성장호르몬의 80퍼센트가 분비된다고 말한다. 키 성장호르몬뿐 아니라 우리 몸 전체의 신진대사를 원활하게 하는 호르몬도 밤 10시부터 분비된다고 한다. 인간은 누구나 하루에 6~7시간 자야 정상 생활을 할 수 있다. 잠을 적게 자거나 늦게 자는 일은 건강을 망치고 공부까지 못하게 만드는 어리석은 행동이다.

20년 전에는 학교에서 졸거나 자는 아이들이 거의 없었는데 요즘은 많아도 너무 많다. 졸거나 자는 학생들이 많은 이유는 늦게 자기 때문이고 늦게 자는 이유는 심야방송, 컴퓨터, 인터넷강의, 스마트폰 때문이다. 살면서 중요한 일 중 하나는 중요한 것과 중요하지 않은 것을 분간하는 일이다. 이런 영화 대사가 생각난다. "뭐시 중한디?"

일찍 자고 일찍 일어나야만 하는 또 하나의 이유는 대부분 시험이 오전에 치러지기 때문이다. 실력이 중요하지만 시험 볼 때의 컨디션 또한 중요하다. 시험 보는 시간에 졸린다면 실력을 100퍼센트 발휘하지 못할 것임은 불 보듯 분명하다. 시험 전날 아무리 빨리 잔다고 해도 평소 아침 시간에 졸리도록 신체리듬이 만들어진 사람이라면 시험 당일에 맑은 정신으로 시험에 임할 수 없다. 대학입시에 가장 중요하다는 수학능력시험은 오전 8시 40분에 시작되어 오후 4시 37분에 끝난다. 이 시간에 맑은 정신이어야 함은 굳이 강조할 필요조차 없다. 컨디션을 좋게 만드는 최고의 방법은 일찍 자고 일찍 일어나는 습관이다.

저녁형 인간도 3주 정도 노력하면 아침형 인간으로 바꿀 수 있다. 3주 동안 빨리 자고 빨리 일어나는 습관을 들이기만 하면 3주가 지난 후에는 낮에 졸리지 않게 된다. 시험이 아니라 직장 생활을 위해서도 일주리듬을 바꿔놓아야 하는데 이왕이면 중·고등학교 때 바꾸는 것이 좋다. 사람들이 꿈을 이루지 못하는 결정적인 이유는 생각을 바꾸지 않고 행동도 바꾸지 않으면서 결과만 바꾸고 싶어 하기 때문이다.

44

야식을 삼가라

과식만 건강을 해치는 게 아니라 야식 또한 건강을 해친다. 건강을 해칠 뿐 아니라 공부까지 방해한다. 먹을까 말까, 먹는다면 무엇을 먹을까에 대한 고민부터 공부를 방해한다. 야식을 먹은 후의 포만감도 공부를 방해하고 야식하느라 소비하는 시간 또한 공부를 방해한다. 더 큰 손해는 수면 부족으로 인한 다음 날의 졸음이다. 야식 후에 잠이 달아나고 그래서 늦게 자고 그래서 낮에 졸려서 공부를 제대로 할 수 없게 된다. 소아 비만, 청소년 비만으로 인한 손해는 굳이 말할 필요가 없을 것 같다.

잠자리에 들기 2시간 전에는 물 외의 음식은 먹지 않는게 좋다. 뇌가 잠자는 데 관여해야 하는데 소화시키는 데 관여하여 숙면을 방해하기 때문이다. 야식은 아침에 일어나는 것을 방해하고 아침밥을 제대로 먹지 못하게 만들어 뇌 활동을 저하시킨다. 제대로 공부를 할 수 없게 방해하는 것이다.

45

선생님을 좋아하라

선생님과 학생의 만남은 운명이다. 헤어지고 싶다 해서 헤어질 수 없는 만남이다. 최소 1년은 좋든 싫든 함께 가야만 하는 동반자다. 선생님과 관계가 좋아야 학교생활이 즐거울 수 있고 학교생활이 즐거워야 공부도 잘하게 된다. 선생님과 관계가 좋지 못하면 손해 보는 사람은 학생이다. "피할 수 없다면 즐겨라"라고 하였다. 선생님으로부터 도망칠 수 없다면 잘 지내려고 노력하는 것이 현명함이다.

선생님이 학생을 미워할 이유는 전혀 없다. 선생님이 자기만 미워한다는 것은 착각인 경우가 대부분이다. 선생님은 많은 학생을 상대하기 때문에 개개인 모두에게 관심을 쏟기가 현실적으로 불가능하다. 선생님이 다가오기를 기다리지 말고 학생이 적극적으로 선생님에게 다가가야 한다. 직접

다가가기 어색하다면 편지나 문자를 통해 다가가는 방법도 있다. 교과 내용에 대해 질문할 수도 있고 진로나 개인적 고민을 상담하는 것도 괜찮다. 중요한 것은 처음부터 끝까지 진심이어야 한다는 점이다. 다가가면서 미소를 보여준다면 선생님도 학생을 좋아할 수밖에 없고 그래서 선생님을 좋아하면 수업이 재미있게 되며 수업이 재미있으면 실력은 저절로 쌓일 수밖에 없다. 학생이 선생님을 좋아하고 선생님이 학생을 좋아하는데도 공부를 못할 확률은 2퍼센트 미만이다.

46

암기하기 전에
먼저 이해하라

시험이 이해 여부를 테스트하는 경우도 있지만 암기 여부를 테스트하는 경우가 훨씬 많다. 그럼에도 먼저 이해하기에 힘써야 하는 이유는 이해하여야 암기도 잘할 수 있기 때문이다. 급할수록 돌아가라고 했다. 빨리 암기하겠다는 욕심으로 이해도 하지 못한 채 암기하려 덤벼서는 안 된다. 먼저 완벽하게 이해한 다음에 암기하도록 노력해야 한다. 느린 것 같지만 빠른 방법이다. 먼저 이해하라. 국어사전을 찾아 용어의 뜻부터 이해하라. 아무리 어려운 내용일지라도 생각하고 또 생각하면 이해할 수 있다. 이해하였다면 암기도 어렵지 않다.

47

학생도 직업임을
명심하라

회사원, 공무원, 노동자, 버스기사, 농부, 어부만 직업인 게 아니라 학생 또한 직업이다. 어른들이 직장에 출근하듯 학생은 학교에 등교한다. 직장인이 근무시간에 자신이 하고 싶은 일을 하는 것이 아니라 주어진 일을 해야 하는 것처럼 학생 역시 수업시간에 자신이 하고 싶은 일을 하는 게 아니라 주어진 공부를 해야 한다.

직장인이 근무시간에 자리만 지키고 일을 하지 않으면 안 되는 것처럼 학생 역시 수업시간에 멍 때린 채 앉아 있거나 시간만 흘려보내서는 안 된다. 직장인에게 주어진 업무를 해야 하는 의무가 있듯 학생에게는 공부해야 하는 의무가 있다. 직장인이 생계 유지와 사회 봉사와 자아 성취를 위해서 일해야 하는 것처럼 학생 또한 실력 향상과 앎의 기쁨과 대

학입시와 훗날 자신이 하고 싶은 일을 하기 위해서 공부해야
한다.

48

한 과목만 열심히
하는 것도 괜찮다

축구만 잘해도 되고 농구만 잘해도 된다. 축구선수가 야구나 배구까지 잘할 필요는 전혀 없다. 공부 또한 마찬가지다. 한 과목만 잘해도 괜찮다. 모든 과목을 다 잘하는 것이 좋은 일인 건 맞지만 혹 공부에 흥미가 전혀 없다면 한 과목만 열심히 해 성과를 내는 것도 괜찮다. 생물만 잘해도 괜찮고 역사만 잘해도 괜찮으며 한문만 잘해도 괜찮다. 다른 과목 모두 8등급, 9등급일지라도 지리만 1등급이어도 박수받을 수 있고 다른 과목이 전교 꼴찌라 해도 국어는 언제나 1등이라면 당당하고 즐겁게 세상을 살 수 있다. 다른 운동 못하고 야구만 잘해도 남의 부러움을 받으며 멋지게 살 수 있는 것처럼.

한 과목을 잘하게 됨으로써 맛보는 성취감은 엄청난 결

과를 가져온다. 하면 된다는 신념, 노력하면 다른 과목도 잘할 수 있다는 자신감, 자신이 결코 부족하지 않다는 자존감은 공부뿐 아니라 삶 전반에서 중요한 무기가 된다.

한 과목만 공부하는 것이 좋다는 이야기로 오해하지 않기 바란다. 중·고등학교 교육과정의 내용은 사회인으로 갖추어야 할 최소한의 교양이기에 한 과목도 소홀히 해서는 안 된다. 이것이 어려운 학생이라면 한 과목만이라도 열심히 해서 '하면 된다'는 자신감을 가지라는 이야기니까. 한 과목을 잘하면 다른 과목도 잘하게 된다는 이야기니까.

49

거절하는
용기가 필요하다

시간 투자가 많으면 좋은 결과물을 많이 만들 수 있고 시간 투자가 적으면 결과물 자체를 만들 수 없다. 공부를 잘하고 싶다면 공부하는 시간을 많이 확보해야 하는데 공부하는 시간을 확보하는 가장 좋은 방법은 거절하는 일이다.

냉정하게 "아니요"를 외칠 수 있어야 한다. "아니요"는 시간 낭비를 막아주고 자신을 발전시키는 아름다운 용기다. 가고 싶지 않은 장소에 누가 함께 가자고 했을 때 정중하게 "아니요"라고 말하는 것은 자신의 소중한 시간을 빼앗기지 않는 지혜이고 용기다. PC방에 가자는 친구의 제안을 거절해야 하고 빵 사주겠다는 호의도 거절해야 한다. 하고 싶지 않은데 억지로 하는 것은 도둑에게 돈을 빼앗기는 일보다 더 큰 손해다. SNS를 하지 않는 일 또한 자신의 시간을 지키고 자신의 발전을 도모하는 지혜로움이다.

우정이 깨질까 두려워하지 않아도 된다. 친구의 시간을 아무렇지 않게 생각하는 친구는 떠나가도 괜찮다. 또 구렁텅이로 가자는 친구의 요구를 거절하면 자신에게도 이익이지만 친구도 구렁텅이에 빠지지 않게 되니까 친구에게도 이익이 된다. 거절할 당시에는 조금 불편할 수 있지만 시간이 지난 다음에는 거절하기 잘했다고 생각되는 경우가 대부분이다. 살다 보면 용기가 필요한데 거절을 통해 용기를 기르는 연습을 했다고 생각해도 괜찮다. 거절하기 곤란할 때는 조금만 생각할 시간을 달라 부탁하는 것도 방법이 된다. 승낙했을 경우와 거절했을 경우에 어떤 결과가 발생할 것인가를 계산한 다음 결정해도 늦지 않다. 혹 이런 말을 들어본 적 있는가? "'아니요'라고 말해야 할 때 단호하게 '아니요'라고 말하는 것이 행복의 비결이다."

50

말하면서 공부하고
쓰면서 공부하라

테니스나 탁구 경기를 하는 중에 스코어를 잊어버리는 경우가 종종 있었다. 어떤 경우인가 생각해보았더니 머릿속으로만 생각했을 뿐 입으로 말하지 않았을 때였다. 본 것을 말하면 기억에 남지만 말하지 않으면 쉽게 기억에서 사라진다. 친구에게 이렇게 저렇게 말해야겠다고 혼자서 생각한 내용은 1시간 후에 30퍼센트를 기억해낼 수 있지만 친구에게 전화로 이야기해준 내용은 1시간 후에 60퍼센트를 기억해낼 수 있다. 직접 만나서 이야기해준 내용은 1시간 후에 80퍼센트를 기억해낼 수 있다.

읽은 내용을 책을 보지 않고 백지에 쓰는 일은 절대 쉬운 일이 아니다. 책을 읽은 다음에 책을 보지 않고 백지에 적어야겠다고 생각하면 집중하여 읽게 되고 그렇게 하면 더 잘 기억할 수 있게 된다. 친구가 옆에 있다고 가정하고 친구에게 설명해주는 것처럼 중얼거리면서 쓴다면 모든 감각을 동원한 것이 되어 더 잘 기억할 수 있다. 말하거나 쓰면서 하는 공부는 잠을 쫓을 수 있다는 장점도 가지고 있다. 아무도 없는 교실이거나 자기 방이라면 시도해봄 직한 방법이다.

51

수업시간에
대답을 잘하라

공부를 방해하는 가장 큰 요소는 졸음과 잡념이다. 졸음을 방지하기 위해서는 일찍 잠자리에 들어야 하고 잡념을 없애기 위해서는 예습하여 조금이라도 알고 있어야 한다. 조금이라도 알면 흥미를 가질 수 있어 공부에 집중할 수 있게 된다.

졸음과 잡념을 물리치는 또 다른 방법은 대답을 잘하는 것이다. 말하면서 조는 경우는 드물기 때문이고 말하는 과정에서는 딴생각을 하기 어렵기 때문이다. 선생님이 수업 중간중간 알겠느냐고 물을 때 알면 안다고 이야기해야 하고 모르면 모른다고 대답해야 한다. 선생님께 힘을 주어야 하기 때문이고 잡념을 없애기 위해서다.

52

처음에는 어렵다

"맨 처음 고백은 몹시도 힘이 들어라. 땀만 흘리며 우물쭈물 바보 같으니……"라는 노래가 있다. 남녀 간 사랑도 처음은 어렵다. 처음이 어려운 것은 사랑에서만 아니라 모든 일에서 어렵고 나에게만 어려운 게 아니라 누구에게나 어렵다. 그런데 어려울지라도 포기하지 않고 계속하면 어느 순간에 '어라! 되는데……' '아하! 이거 가능한 일이구나'라는 생각이 스쳐 지나간다. 자신감과 성취감을 맛볼 수 있고 이곳저곳에서 기쁨이 솟구치는 것을 확인할 수 있을 것이다.

우리는 기쁨을 위해 산다. 알아간다는 것은 기쁨이다. 원하는 대학에 합격하는 것만 기쁨이 아니고 좋은 직장에 취업하는 것만 기쁨이 아니라 몰랐던 것들을 알아가는 일 또한 기쁨이다. 목마른 상황에서 물 한 모금이 기쁨을 주는 것처럼 모르기 때문에 답답한 상황에서 알게 되었을 때의 기쁨은 상상 이상이다. 그리고 그 기쁨이 원동력이 되어서 더 알고 싶은 마음이 생기고 더 잘하고 싶은 마음도 생긴다.

'마라토너 하이'라는 말이 있다. 러너스 하이, 운동 하이라고도 하는데 마라톤을 하다 보면 주저앉고 싶을 만큼의 상태에 이르게 된다. 그런데 이상하게도 이 고비만 넘기면 어디에선가 힘이 솟구쳐서 계속 달릴 수 있게 된다. 순간의 고통을 이기고 계속하면 기분이 좋아지고 다리와 팔이 가벼워지며 피로도 사라지고 새로운 힘이 생긴다. 공부도 마찬가지다. 처음에는 힘들고 짜증나며 때려치우고 싶지만 어느 정도 수준에 오르면 재미있어지고 더 하고 싶어지며 그렇게 되면 당연히 잘하게 된다.

다른 모든 것들이 그러한 것처럼 공부 역시 처음은 어렵다. 아니, 처음만 어렵다. 참고 견디다 보면 어느 순간 재미있어지고 그때부터는 계속하고 싶어진다.

53

고통과 시련은
거쳐야 하는 관문이다

체력훈련은 어떤 경우에도 힘들고 고통스럽고 재미없고 하기 싫지만 반드시 해야만 하는 훈련이다. 운동선수에게 체력훈련은 기본 중의 기본이다. 체력이 필요 없을 것 같은 사격 선수들도 체력훈련을 열심히 한다. 체력 단련 없이 성공한 운동선수는 단 한 명도 없다. 운동에서뿐 아니라 어떤 분야에서도 고통과 시련을 겪지 않고 성공한 사람은 없다. 시련과 고통은 성공을 위해 반드시 거쳐야 하는 관문인 것이다.

『맹자』에 나오는 다음의 말을 곱씹을 수 있어야 한다. "하늘이 장차 그 사람에게 큰일을 맡기려 할 때에는 반드시 먼저 그 마음과 뜻을 괴롭게 만들고 그 살과 뼈를 고달프게 하며, 그 신체와 피부를 주리게 하고, 그 몸을 궁핍하게 하며, 그가 하는 일마다 잘못되게 하고 뒤틀리게 만든다. 이것은

182

그 사람 마음을 분발시키고 성격을 강인하게 함으로써 그 사람이 중요한 일을 감당할 수 있게 만든 다음에 그 사람에게 큰일을 맡기려 하는 계획 때문이다."

54

그림, 사진, 도표도
중요하게 생각하라

책을 만드는 사람들은 항상, 어떻게 기획하고 편집해야 독자들이 쉽게 이해하고 오래 기억할 수 있을 것인가에 대해 고민한다. 책 사이사이에 그림을 넣고 사진을 끼워넣고 도표를 더하는 것도 이러한 이유에서다. 그렇다면 독자의 입장에서는 책을 읽을 때 무엇을 어떻게 해야 옳은가? 당연히 그림, 사진, 도표 등이 본문의 내용과 연관되어 있다는 사실을 깨닫고 꼼꼼히 살펴보아야 한다. 책의 내용을 이해하는 데 도움이 되기 때문이다.

글보다 이런 것들이 뇌를 강하게 자극하여 이해와 기억을 도와주는 경우가 적지 않다. 때로는 그림, 사진, 도표가 시험에 그대로 출제되는 경우가 있기도 하다. "한 장의 사진이 긴 종군기(從軍記)보다 낫다"라는 말이나 "백 마디 말보다 한

장의 사진이 더 강렬하다"라는 말에 사람들이 쉽게 공감하는 이유다.

55

알고 있는 것과
연결하여 암기하라

공부는 이해하고 암기하고 응용하는 것인데 암기하기 위한 가장 좋은 방법은 반복이다. 그런데 여러 번 반복했음에도 헷갈리는 경우가 적지 않은데 이때는 이미 알고 있는 내용과 연결해 암기하는 것이 좋다.

전라선과 호남선이 헷갈렸다. 경부선, 경인선은 헷갈리지 않는데 목포로 가는 철로가 전라선인지 호남선인지 헷갈렸다. 헷갈렸던 이유는 '전라'와 '호남'이 같은 의미였기 때문이다. 어느 날 헷갈리지 않을 수 있는 방법을 찾았다. 전주에 '전라고등학교'가 있었고 정읍에 '호남고등학교'가 있음을 확인한 것이다. 전주에 전라고등학교가 있기에 전주를 지나 여수로 가는 철로를 전라선으로 이름 붙인 것이 아니고, 정읍에 호남고등학교가 있기에 정읍을 지나 목포에 이르는 철로를 호남선이라 이름 붙인 것은 아니지만 헷갈림을 방지하기 위해 연결해 이해한 것이다.

더 나은 방법은 한자로 이해하는 방법이다. 상록수를 '항상 상(常)' '푸를 록(綠)' '나무 수(樹)'로 알고 낙엽수를 '떨어질 낙(落)' '잎 엽(葉)' '나무 수(樹)'로 알면 암기하려고 애쓸 필요도 없고 헷갈릴 염려도 없다. 키 큰 나무는 교목이라 하고 키가 작고 줄기와 가지의 구분이 없는 나무는 관목이라 하는데 '교'가 '높을 교(喬)'인 것만 알아도 헷갈리지 않을 수 있다.

반복해서 암기하는 방법도 있고 이미 알고 있는 내용과 연결하는 방법도 있으며 한자를 통해 이해하는 방법도 있다. 어떤 방법이든 시간을 투자해야 한다는 점은 공통이다. 시간 투자 없이 쉽게 암기하는 방법은 없다.

56

실수한 게 아니라
실력이 부족한 것이다

실수하였노라 말하고 시간이 부족하였노라 이야기한다. 옳은 말일 수 있지만 변명인 경우가 대부분이다. 알았는데 틀린 게 아니라 확실하게 알지 못했기 때문에 틀린 것이고 시간이 부족해 풀지 못한 게 아니라 실력이 부족해 속도를 내지 못한 것이다. 하나를 알더라도 확실하게 알아야 한다. 확실하게 알기 위해서는 꼼꼼히 공부해야 하고 깊이 생각해야 한다. 정확히 이해하고 올바르게 판단하여야 한다.

대부분 학생은 거의 매일 '빨리빨리'를 외친다. 대충 읽고 대충 생각하고 대충 이해하고 부리나케 판단한다. 공부할 때 많이 고민하는 일은 절대로 시간 낭비가 아니고 나쁜 습관도 아니다.

시간을 많이 소비한다는 것은 철저하게 알게 된다는 이

야기고 철저하게 알게 되었을 때 빠르고 정확하게 문제를 해결할 수 있다. 실력이 없는 게 문제지 실력이 있기만 하면 실수하지 않을 것이고 문제도 빨리 해결해낼 수 있다.

57

자신의 목표를
공개 선언하라

친구에게 내일 빵을 사주겠다고 전화를 했다. 그러면 다음 날에 빵을 사줄 확률은 몇 퍼센트가 될까? 친구에게 내일 빵을 사주겠다고 마음속으로만 생각했다. 그러면 다음 날에 빵을 사줄 확률은 몇 퍼센트가 될까? 사람마다 다르고 상황에 따라 다르겠지만 말을 한 경우는 90퍼센트가 넘을 것이지만 말은 하지 않고 혼자서 생각했을 경우에는 40퍼센트도 되지 않을 것이다. 말의 힘이다. 말을 했느냐 하지 않았느냐가 행동이나 결과에 엄청난 영향을 미치게 된다.

자신의 진로 희망 대학이나 진로 희망 학과를 적어서 책상 앞이나 사물함에 붙여놓거나, 주변 사람에게 자신의 포부를 말해놓으면 그 말에 대한 책임감 때문에 열심히 공부하게 된다. 부끄럽지 않기 위해, 또는 사람들의 비웃음거리가 되지 않기 위해 나름 최선을 다하게 되는 것이다.

자신의 목표를 밝히거나 자신이 자신에게 한 약속을 남들에게 공개하는 효과는 결코 작지 않다. 혼자 마음속으로 한 결심은 지키기 어렵고 포기하기도 쉽지만 남들에게 한 약속은 지키기 위해 최선을 다하려 하는 것이 인간의 속성이다. 세상 모든 일에 용기가 필요한 것처럼 공부를 잘하기 위해서도 용기는 필요하다.

말이 씨가 된다고 했다. 자신이 한 말은 무의식 속에서 생명력을 얻고 뿌리를 내리고 잘 자라서 자신이 한 말과 같은 열매를 맺는다. 목표를 공개 선언하면 약속을 지키기 위해, 또 비웃음당하지 않기 위해 더 많은 노력을 하게 된다. 주위 사람들로부터 격려와 협조까지 받는다.

58

건강관리에 힘써라

건강을 잃으면 모든 것을 잃는 것이라고 하였는데 거기에 공부도 포함된다. 건강을 잃으면 공부도 의미 없다는 이야기이면서 공부도 건강해야 잘할 수 있다는 이야기이기도 하다. 건강이 중요하다는 이야기고 공부를 위해 건강을 포기해서는 안 된다는 이야기다.

건강을 위한 방법 중 하나는 규칙적인 생활이다. 규칙적으로 일어나야 하고 규칙적으로 운동해야 하며 규칙적으로 식사해야 한다. 토요일과 일요일도 일어나는 시간과 잠자리에 드는 시간을 평일과 똑같이 해야 한다. 공부를 많이 해야 한다는 이야기가 아니라 생활의 리듬을 깨지 않는 게 중요하다는 이야기다.

친구들보다 한 시간 이상 빨리 등교하는 것을 추천하고

싶다. 등굣길의 상큼한 공기가 기분을 상쾌하게 만들고 도로가 막히지 않기에 등교 시간도 단축할 수 있다. 친구들보다 부지런하다는 자부심은 자존감을 높이기도 한다. 가장 큰 이익은 맑은 정신으로 한 시간 이상 공부할 수 있다는 점이다. 아침에는 뇌의 활동이 활발하다. 뇌가 정상적으로 활동하지 못하는 저녁 공부보다 상쾌한 공기를 마시면서 기분 좋게 하는 아침 공부가 효율이 높은 것은 상식이다. 아침 한 시간의 공부는 낮의 두 시간 이상의 효과를 가져다준다.

운동도 필요한데 주 2시간의 체육시간으로는 부족하다. 아침 시간이든 점심 시간이든 저녁 시간이든 시간을 정해놓고 운동하는 것이 좋다. 잠자리에서 일어나자마자 동네 한 바퀴를 뛰는 것을 권하고 싶다. 잠도 깨고 기분도 상쾌해져서 하루를 멋지게 보낼 수 있고 건강과 공부 두 마리 토끼를 잡을 수 있다. 맨손체조도 좋고 줄넘기도 좋으며 철봉에 매달리거나 스트레칭하는 것도 좋다. 운동은 혈액순환을 촉진하고 노폐물 배출을 도와준다. 그뿐만 아니라 뇌세포의 성장을 돕기도 한다. 뇌 혈류량을 증가시키고 뇌혈관에 흐르는 혈액을 풍부하게 만들어 뇌가 활발히 움직일 수 있도록 도와준다. 뇌세포 활동이 활발해지면 집중력과 암기력이 좋아져 공부 효율이 높아진다.

쉬는 시간에 책상 앞에서 스트레칭을 할 수도 있다. 목운동, 어깨운동, 허리운동, 팔다리운동 정도는 충분히 할 수 있다. 등교와 하교를 걸어서 하는 것도 좋은 방법이다. 친구랑 함께 걸어도 좋고 혼자 걸어도 좋다. 3킬로미터 정도 거리라면 걸어서 40분 정도 걸리는데 시내에서는 승용차로도 20분은 걸린다. 버스라면 기다리는 시간까지 더해져야 하니까 30분은 걸린다. 10분 정도 더 소요되지만 40분 운동하였으니 얼마나 큰 이익인가?

· 59 ·

인간에 대해 이해하라

　　스트레스는 만병의 근원이라 하였는데 공부를 방해하는 근원이기도 하다. 공부를 잘하려면 스트레스를 받지 않아 마음이 편안해야 하는데 스트레스를 받지 않고 편안하게 공부하는 방법 중 하나는 인간에 대한 이해다. '인간은 누구나 비겁하다', '인간은 모두 이기적이다', '인간은 누구나 자기중심적이다', '인간은 모두 편한 것을 추구한다', '인간은 누구나 어리석다'는 사실을 알게 되면 서운함과 분노가 사라지고 마음이 편안해진다.

　　'아주머니 떡도 싸야 사 먹지'라는 속담이 있다. 아무리 가깝고 친근한 사이일지라도 자신의 이익에 따라 움직인다는 뜻으로 인간은 너나없이 자신의 이익을 가장 중요하게 생각한다는 이야기다. '도둑맞으면 어미 품도 들춰본다'는 속담

도 있다. 무엇을 잃어버린 사람이 자신을 의심하는 표정을
지을지라도 속상해할 필요 없고 화낼 이유도 없다는 이야기
다. '눈이 아무리 밝아도 제 코는 안 보인다'는 속담도 있다.
사람은 누구나 자신의 단점은 생각하지 못하고 다른 사람만
탓하고 비난한다는 이야기다.

　역지사지의 자세가 필요하다. 내 입장에서가 아니라 엄
마, 아빠, 친구, 선생님의 입장에서 생각해볼 필요가 있다. 사
람들의 마음을 이해할 수 있다면 그들의 이야기나 행동에
화나지 않고 마음을 편안하게 할 수 있다. 즐거운 마음으로
공부할 수 있다.

60

시험에 임하는 자세

공부를 대충대충 하는 것도 문제지만 시험을 치르면서 문제를 대충대충 읽는 것은 더 큰 문제다. 문제를 대충 읽어서는 절대 좋은 점수를 얻기 어렵다. '실수했어', '아는 데 틀렸어'라고 하는 것은 대부분 문제, 지문, 자료, 선택지를 대충 읽기 때문에 발생한다.

여유와 자신감을 가져야 한다. 문제 속에 힌트가 있는 경우가 많고 때로는 지문이나 자료에 정답이 있기도 하다. 여유를 가지고 출제자의 의도를 파악할 수 있다면 문제 풀이는 쉬워진다. 여유와 자신감을 가지고 문제를 잘 읽어서 정확히 분석하는 일은 시험을 잘 보기 위한 기본 중의 기본이다.

시험은 기본 원리나 개념 또는 상식을 묻는 경우가 대부분이다. 객관식 문제의 경우, 어렵거나 생소하다는 이유로 포기하지 않고 기본 원리나 개념 또는 상식을 바탕으로 차분히 생각하면 모르는 내용의 문제라도 정답을 알아낼 수 있는 경우가 많다. 어렵고 생소한 내용은 시험에 나오지 않고 기본 원리나 꼭 알아야 하는 내용만 나온다고 생각하여 그런 것들을 중심으로 철저히 공부하는 것이 좋다.

시험 중이나 시험이 끝난 후, 문제가 어려웠다면서 짜증을 내는 학생도 있고 문제가 쉬웠다면서 싱글벙글하는 학생도 있다. 둘 다 어리석음이다. 시험은 어차피 상대평가고 내가 어려우면 남도 어렵고 내가 쉬우면 남도 쉽기 때문이다. 95점 받고 3등급이 될 수도 있고 60점 받고 1등급이 될 수도 있다. 중요한 것은 점수가 아니고 등급이다. 어렵다는 이유로 당황해서도 안 되고 쉽다는 이유로 흥분해서도 안 된다.

시간이 없었노라 이야기하는 학생이 있는데 이것은 스스로를 바보나 욕심쟁이라고 이야기하는 것과 같다. 실력이 없기 때문에 시간이 부족한 것임을 인정해야 한다. 100점 받겠다는 욕심 때문에 시간이 부족한 것이라는 생각을 할 수 있어야 한다. 어려운 문제 한두 개 정도는 틀릴 수 있다는 마음으로 어려운 문제를 포기할 수 있음도 현명함이다.

61

늦은 때란 없다

평생 학습 시대, 평생 학습 사회다. 죽는 날까지 어떤 경우, 어떤 상황에서도 공부와 이별할 수 없다. 공부와 친하게 지내야 하는 이유다. 늦었다고 생각하지 말고 지금이라도 할 수 있는 범위 내에서 할 수 있는 만큼, 해야 하는 만큼 하는 것이 현명함이다. 늦었다고 생각하는 오늘이 가장 빠른 때라고 생각해야 한다. 늦게 시작하는 것을 두려워 말고 하다가 중단할 것을 두려워해야 한다.

그런데 공짜는 없다. 대가를 치러야 한다. 학생들에게 이렇게 말한 적이 있다. "네 가지다. 네 가지만 지키면 원하는 대학에 합격할 확률이 99퍼센트다. 첫 번째는 사교육을 하지 않는 것이다. 물론 인터넷강의도 포함해서다. 사교육이나 인터넷강의 모두 자기 공부할 시간을 빼앗기 때문이다. 두 번째는 핸드폰 해지다. 폴더폰도 해당된다. 문자나 카톡이 머리를 어지럽히고 시간을 빼앗아 공부를 방해하기 때문이다. 세 번째는 밤 11시 30분 이전에 자는 일이다. 늦게 자면 다음 날 공부를 제대로 할 수 없기 때문이다. 축구부 아이들은 밤 11시 이후에 중계되는 A매치 축구경기를 보지 않는다. 다음 날 훈련에 지장을 주기 때문이다. 네 번째는 10시까지 자율학습실이나 도서관에 남아 있어야 한다. 공부가 되든 안 되든 책상 앞에 앉아 있어야 한다. 공부는 엉덩이로 하는 것이기 때문이다."

배운다고 아는 게 아니다

변화 없이는 발전도 없다. 그런데 변화는 싫다 하고 발전만 원한다. 발전을 원한다면 변화를 두려워하지 말아야 한다. 수동적으로 듣기만 하는 공부, 배우기만 하는 공부, 익힘이 없는 공부, 의문을 품지 않는 공부, 이제라도 그만두어야 한다.

교실 밖에서 만나는 아이들은 예쁘지만 교실 안에서 만나는 아이들은 밉다. 책상 위에 엎드려서 하루 종일 자는 아이들, 꾸벅꾸벅 조는 아이들, 사교육은 당연히 해야 한다고 생각하는 아이들이 안쓰럽고도 밉다. 사교육으로는 절대 성적을 올릴 수 없다고, 책을 보면서 생각해야 성적이 향상된다고, 익힘의 시간이 많아야 실력 향상이 가능하다고, 사교육은 익힘의 시간을 없애는 일이라고, 잠을 충분히 자야 공부를 잘할 수 있다고, 공부는 학생이 하는 것이지 선생님이 시켜줄 수 있는 게 절대 아니라고, 시간이 없기 때문에 사교육을 받지 말아야 한다고 침 튀겨가며 이야기해도 꿈쩍도 하지 않는 아이들. 이 아이들이 나를 주저앉게 만든다. 질문에 대해 고민도 하지 않고 꾸어다 놓은 보릿자루처럼 우두커니 앉아만 있는 아이들, 질문할 줄 모르는 아이들, 생각하지 않는 아이들, 모든 게 귀찮다는 표정의 아이들로 가득 찬 2022년 대한민국 교실이 나를 슬프게 만든다.

교실 밖에서는 종종 기쁨을 맛본다. 교실 밖에서 만나는 2, 3학년 아이들은 작년 재작년에 나랑 공부했던 아이들이다. 친구를 가리키며 아직도 사교육하고 있다며 일러바친다. 옆에 있는 친구는 그래도 많이 줄였다면서 겸연쩍어 한다. 그리고 빠른 시간 안에 사교육을 그만두고 자기주도학습을 하겠다고 약속한다. 사교육을 끊고 성적이 올랐다고 자랑하는 아이들도 있다. 나를 기쁘게 만드는 아이들이다. 선생님의 말씀이 옳았다면서 인사하는 아이들도 나에게 힘을 준다. 선생님 이야기 듣고 사교육을 그만두었고 그래서 성적이 향상되었고 그 결과 원하던 대학에 합격했다면서 싱글벙글하는 졸업생들은 업어주고 싶다.

'배움'보다 '익힘'이 중요하다는 사실을 아직 모르고 있는 학생 학부모가 많다. 익힘 없이는 배움도 의미 없다는 사실을 모르고, 공부 잘하는 학생일수록 익힘을 중요하게 생각한다는 사실도 모른다. 〈생활의 달인〉이라는 프로그램의 주인공들은 한 사람도 예외 없이 스스로 연구하고 땀 흘리고 시간을 투자했다. 공부라고 어찌 예외겠는가? 선생님에게 배우는 것이 필요하지만 그것이 실력에 미치는 영향은 극히 미미하다. 같은 교실에서 같은 선생님에게 같은 내용의 강의를 들었어도 누구는 실력이 뛰어나고 누구는 실력이 보잘것없음을 통해서 어렵지 않게 확인할 수 있다.

세상에 공짜는 없는 법이고 성적 역시 쉽게 올릴 수 있는 방법은 없다. 책상 앞에 앉아 강의 듣는 것만으로 실력을 향상시킬 수는 없고 시간과 땀을 투자해야 올릴 수 있다. 노래를 100번 들은 사람보다 10번 듣고 30번 불러본 사람이 노래를 더 잘할 수 있다. 하루 15시간 유럽 축구 경기를 시청한 사람보다 축구 중계를 1시간 보고 운동장에서 4시간 공을 찬 사람이 축구를 더 잘할 수 있다.

공부는 학생이 한다는 사실, 책이 가장 훌륭한 스승이라는 사실, 잠을 충분히 자고 쉴 때는 충분히 쉬어야 공부도 잘할 수 있다는 사실, 수업 듣는 시간보다 스스로 공부하는 시간이 많아야 성적이 올라간다는 사실, 진짜 공부 잘하는 학생들은 주어진 시간 대부분을 자기주도학습에 투자한다는 사실을 믿어주면 좋겠다. 운동경기를 승리로 이끄는 요인은 세기가 아니라 방향이라고 한다. 공부 또한 마찬가지다. 열심히도 중요하지만 방향과 방법이 더 중요하다. '열심히'보다 '올바른 공부법'이 훨씬 좋은 결과를 가져다준다.

"매번 똑같은 행동을 하면서 다른 결과를 기대하는 사람은 바보다." 아인슈타인의 말이다. 사교육으로 고통받는 학생과 학부모가 없는 세상에 대한 꿈, 오늘도 나는 그 꿈을 꾸고 있다. 이 책이 사교육으로 고통받는 학생과 학부모에게 도움이 되면 좋겠다. 부족한 선생님에게 힘을 준 전주영생고 졸업생들과 재학생들, 아빠의 뜻을 따라준 아들딸에게 감사의 마음을 전한다.

2022년 7월
전주영생고 교무실에서
권승호

"공부를 공부하라!"

실천하는 자기주도학습을 위하여!

청소년, 교사, 학부모를 위한 즐거운 공부 시리즈

청소년을 위한 사진 공부
사진을 잘 찍는 법부터 이해하고 감상하는 법까지

홍상표 지음 | 128×188mm | 268쪽 | 13,000원

20여 년을 사진작가로 활동해온 저자가 사진의 탄생, 역사와 의미부터 사진 촬영의 단순 기교를 넘어 사진으로 무엇을, 어떻게 소통할지를 흥미롭고 재미있게 들려주는 책이다.

책따세 겨울방학 추천도서

청소년을 위한 시 쓰기 공부
시를 잘 읽고 쓰는 방법

박일환 지음 | 128×188mm | 232쪽 | 12,000원

시라는 게 무엇이고, 사람들이 왜 시를 쓰고 읽는지, 시와 일상은 서로 어떻게 연결되고 있는지, 실제로 시를 쓸 때 도움이 되는 이론과 방법까지 쉽고 재미있게 풀어내는 책이다.

행복한아침독서 '함께 읽어요' 추천도서

청소년을 위한 철학 공부
열두 가지 키워드로 펼치는 생각의 가지

박정원 지음 | 128×188mm | 252쪽 | 13,000원

시간과 나, 거짓말, 가족, 규칙, 학교, 원더랜드, 추리놀이, 소유와 주인의식, 기억과 망각 등 우리 삶과 떼려야 뗄 수 없는 주제들로 독자들이 흥미롭고 재미있게 철학에 접근할 수 있도록 펴낸 길잡이 책이다.

지노출판은 다양성을 지향하며 삶과 지식을 이어주는 책을 만듭니다.

jinobooks.com

청소년을 위한 보컬트레이닝 수업
제대로 된 발성부터 나만의 목소리로 노래 부르기까지

차태휘 지음 | 128×188mm | 248쪽 | 13,000원

건강하게 목소리를 사용하고 노래를 잘 부르기 위해 알아야 할 몸의
구조부터 호흡과 발성법, 연습곡의 선별 기준 등등 기본기를 확실히
익힐 수 있는 보컬트레이닝의 세계로 안내하는 책이다.

학교도서관저널 추천도서

청소년을 위한 리걸 마인드 수업
시민력을 기르는 법 이야기

류동훈 지음 | 128×188mm | 200쪽 | 15,000원

법학박사 류동훈 변호사와 함께하는 슬기로운 법 이야기! 헌법, 민법,
형법의 가장 기본적이며 기초적인 내용을 중심으로 자연스레 '리걸
마인드'를 습득할 수 있도록 안내하는 책이다.

학교도서관저널 추천도서

팬픽으로 배우는 웹소설 쓰는 법
청소년을 위한 소설 글쓰기의 기본

차윤미 지음 | 128×188mm | 232쪽 | 12,000원

아이돌 팬픽을 소재로 누구나 쉽고 재미있게 소설 글쓰기에 다가갈
수 있도록 구성된 책으로, 내가 왜 글을 쓰는지, 내가 왜 세상의 반
응을 궁금해하는지 등을 곰곰이 생각해볼 수 있다.

청소년, 교사, 학부모를 위한 즐거운 공부 시리즈

삶의 무기가 되는 속담 사전
544가지 속담으로 키우는 지식과 지혜

권승호 지음 | 128×188mm | 600쪽 | 20,000원

속담으로 보는 너와 나, 우리, 사회와 세상 이야기! 365일 마음공부 속담 사전! 속담은 나침반이고 보물창고이며 우리를 비추는 거울이다. 인간을 이해하고 우리 사회와 세상을 알아가는 데 도움이 되는 속담들을 엄선해 풀어냈다.

망우리공원 인물열전
대한민국 근현대사를 꿰뚫는 낙이망우 사색의 인문학

정종배 지음 | 153×180mm | 708쪽 | 33,000원

독립지사 등 유명인사들과 서민들, 정치깡패와 친일문제까지 대한민국 근현대사의 보고 망우리공원에 잠든 130여 인물들의 이야기를 오롯이 담아낸 교양 인물 사전이다. 너와 나, 우리를 위해 기억해야 할 역사의 이름들을 만나보자!

그림으로 배우는 지층의 과학
지구 땅속 활동을 속속들이 파헤친다!

모쿠다이 구니야스 글 | 사사오카 미호 그림 | 박제이 옮김
최원석 감수 | 148×210mm | 152쪽 | 15,000원

지층이란 무엇일까? 지층의 줄무늬는 왜 생길까? 지층의 이름은 어떻게 붙일까? 암석과 화석을 통해 알 수 있는 것은? 산이 무너지고 강이 흐르는 원리는? 등등, 흥미진진한 신비로운 지층의 세계를 재미있는 그림으로 알기 쉽게 설명하는 책이다.

학교도서관저널 추천도서

지노출판은 다양성을 지향하며 삶과 지식을 이어주는 책을 만듭니다.

jinobooks.com

체험학습으로 만나는 제주신화
청소년, 교사, 학부모를 위한

여연 글 | 김일영 사진 | 128×188mm | 244쪽 | 15,000원

인간과 자연에 대한 문화적 안목을 길러주는 '가장 생생한 제주 여행' 안내서! 학생들의 체험학습부터 단체 수학여행, 가족과 함께하는 문화 기행까지 제주의 산과 바다, 마을 길을 걸으며 창의력과 상상력의 보고 제주신화를 배우고 느낄 수 있게 해준다.

우리 아이 첫 음악 수업
현직 교사들이 알려주는 부모가 알아야 할 음악 교육의 모든 것

이준권, 정지훈 지음 | 142×215mm | 312쪽 | 18,000원

우리 아이 음치 탈출부터 음악 재능을 찾는 법까지, 즐기고 만끽하고 자존감을 높이는 오감만족 음악 공부! 아이와 부모가 행복하게 소통하는 슬기로운 음악 교육의 해법을 진솔하게 안내한다.

학교도서관저널 추천도서

사이언스 조크
과학 덕후들의 신묘한 지적 웃음의 세계

고타니 다로 글 | 문승준 옮김 | 128×188mm | 180쪽 | 15,000원

웃긴 수학자나 물리학자부터 천재 과학자의 엉뚱한 행동, 과학법칙의 기발한 패러디, 웃음을 참을 수 없는 유사과학, 연구와 과제로 신음하는 과학도들의 웃픈 이야기까지, 바야흐로, 과학을 조크로 즐길 때가 되었다!

스스로 공부 잘하는 법

초판 1쇄 2022년 7월 27일

지은이 권승호 | **편집** 북지육림 | **교정교열** 김민기 | **디자인** 이선영 | **제작** 야진북스

펴낸곳 지노 | **펴낸이** 도진호, 조소진 | **출판신고** 제2019-000277호

주소 경기도 고양시 일산서구 중앙로 1542, 653호

전화 070-4156-7770 | **팩스** 031-629-6577 | **이메일** jinopress@gmail.com

ⓒ 권승호, 2022

ISBN 979-11-90282-48-2 (43370)

• 이 책의 내용을 쓰고자 할 때는 저작권자와 출판사의 서면 허락을 받아야 합니다.

• 잘못된 책은 구입한 곳에서 바꾸어드립니다.

• 책값은 뒤표지에 있습니다.